53640

MÉMOIRE

Dans lequel on prouve que toute métaphysique est impossible ; que nos sensations sont indécomposables, et que la supposition chimérique de leurs élémens est la cause unique des difficultés insolubles que présentent les systémes d'Epicure, Platon, Locke, Leybnitz, Condillac, Kant, etc. etc.

Par M. VIRARD.

A GRENOBLE,

Chez DAVID, Imprimeur, place Neuve.

Octobre 1817.

MÉMOIRE

DANS lequel on prouve que toute Métaphy-
sique est impossible ; que nos sensations
sont indécomposables, et que la supposition
chimérique de leurs élémens est la cause
unique des difficultés insolubles que pré-
sentent les systèmes d'Epicure , Platon ,
Locke, Leybnitz , Condillac, Kant, etc. etc.

Post tenebras , lux.

Nous avons une science qui se vante d'être
la mère de toutes les autres. Son objet est
d'expliquer les connaissances humaines , de
découvrir leur origine , de les suivre dans
leurs développemens, de fixer leurs limites ,
d'apprécier leur valeur. On la nomme idéo-
logie , métaphysique , philosophie , psyco-
logie. Ne disputons pas sur les mots, puisque
nous sommes d'accord sur le sujet.

Le phénomène qui se présente le premier
et qui me paraît hors de toute contradiction ,
c'est que l'homme a des connaissances ou
des sensations qui lui sont connues. Nous

avons encore des sensations cachées ; mais les idéologues ne traitent jamais de celles-ci, à moins qu'ils ne l'annoncent expressément.

Cette vérité est la première, parce qu'elle ne dépend d'aucune autre, et qu'elle se sert de preuve à elle-même. Comment, en effet, prouver que nous avons une connaissance ? Ce ne peut pas être par une chose que nous ne connaissons pas, qui n'est rien pour nous ; ce n'est pas mieux par une autre connaissance, car nous demanderions la preuve de la preuve.

Quelques philosophes nous reprocheront peut-être d'établir, d'autorité, le principe que nous avons des connaissances ; mais quelle preuve exigent-ils ? Si l'assentiment de leur conscience ne leur suffit pas, je conviens que nous serions fort en peine de leur en donner de meilleures.

Prétendraient-ils donner au raisonnement le droit de démontrer la vérité de nos connaissances ? Mais ce raisonnement est nécessairement fondé sur des connaissances de fait ou de spéculation ; or, ne réfléchissent-ils pas qu'ils ne demandent point de preuves pour elles, qu'ils admettent déjà ce qui est en question, qu'ils attribuent aux unes la valeur qu'ils refusent aux autres ? Il est évident que si nos connaissances devaient être prouvées par le raisonnement, il serait impossible d'en venir à bout, puisque tous nos argumens se réduisent à des connaissances.

Les connaissances embrassent tout le domaine de l'intelligence humaine. Il ne peut rien y avoir dans notre esprit qui ne soit une connaissance. Nous connaissons ce que nous connaissons. Cependant, des philosophes affirment qu'il y a beaucoup de choses hors de la portée de l'esprit humain.

D'où vient qu'ils le savent? Qui le leur a appris? Quelle divinité leur a confié ce secret? Il n'y a pas de milieu; ou ils savent qu'il y a des choses hors de la sphère de notre savoir, et alors ils commettent une erreur bien étrange; car elles ne sont pas hors de l'intelligence humaine, puisqu'elles sont dans leur esprit; ou bien elles sont vraiment inapercevables, et alors ils ne peuvent pas même connaître s'il en existe de cette espèce.

Cette proposition bannale, qu'il y a des choses inintelligibles, n'est qu'une simple hypothèse, qui peut être vraie, de même qu'elle peut être fausse. En observant qu'il

y a dans les objets beaucoup de choses inconnues à l'aveugle et au sourd , l'on pense
qu'il y en a peut-être d'inintelligibles pour
l'homme , à cause de son organisation ;
qu'il peut lui manquer des sens ou des instrumens pour acquérir la connaissance intime de la nature. Mais cette supposition n'a
rien de certain.

La présence seule des objets inconnus
pourrait nous donner la certitude qu'il y a
des choses inintelligibles ; nous n'avons pas
d'autres moyens pour nous instruire dans la
science des faits. Or, une chose inconnue ,
inintelligible , étrangère à notre connaissance , peut-elle frapper nos sens? Pouvons-
nous savoir si elle existe , et juger si elle est
inintelligible pour notre esprit? Ne faudrait-
il pas que cette chose fût intelligible pour
nous , afin de pénétrer les raisons qui la rendent inintelligible aux autres. Il est donc
faux qu'il y ait surement des choses hors de
la portée de l'intelligence humaine; il est
possible qu'il y en ait. Mais il est également
impossible de jamais résoudre ce problême ,
puisque sa solution exigerait la connaissance
des choses inintelligibles.

Des élémens de nos sensations.

L'INTELLIGENCE humaine a été de tout temps l'objet d'une attention particulière. Une foule de grands hommes ont consacré leurs veilles à cette étude. Chez les anciens, on distingue Epicure , Zénon, Pyrrhon, Platon, Aristote. Chez les modernes , Locke, Berkelay , Leybnitz , Mallebranche , Condillac, Helvétius , Kant, etc. Il est vrai que leurs doctrines sont loin de satisfaire la raison ; qu'elles sont pleines de contradictions , d'erreurs , d'absurdités même. Comment se fait-il que tant d'habiles personnages se soient trompés ?. Parce qu'ils cherchaient l'explication de choses qui n'existent pas , des élémens de nos sensations.

Le but de la métaphysique est d'enseigner ce que c'est que notre faculté de connaître ; qu'elles en sont les bornes; pour l'atteindre , l'on a raisonné sur les élémens de nos sensations , sans examiner qu'elle était la valeur de ce que l'on prenait pour des élémens de sensation.

Cette question préliminaire n'a jamais été agitée ; elle ne pouvait même être soupçonnée qu'après toutes les tentatives infructueuses qui ont été faites. La facilité que nous avons à décomposer nos sensations, a dû faire croire que les fragmens de cette analyse étaient les principes élémentaires de nos sensations. Ainsi, considérant un fait ou une abstraction comme propre à remplir ce dessein, l'on a construit mille et mille systèmes.

Alors la raison étonnée a voulu savoir pourquoi, malgré tant de travaux, elle en était réduite à des systèmes non-seulement opposés les uns aux autres, mais qui chacun à part mènent à des résultats d'une fausseté manifeste. Cette réflexion, tardive et nécessaire, nous a fait penser qu'il n'y a point de véritable élément de sensation, et bientôt nous le prouverons, en montrant que dans les décompositions les plus minutieuses de nos sensations, on ne trouve pas des élémens, des portions de sensation, comme on se l'était d'abord imaginé ; mais d'autres sensations entières et complettes.

L'élément d'une sensation ou d'une connaissance, n'en doit être qu'une portion ; car si cet élément est une connaissance entière, il est évident qu'il est lui-même une connaissance ordinaire et non point un élé-

ment de sensation. L'eau se compose d'hy-
drogène et d'oxigène ; mais chacun de ces
élémens n'est pas de l'eau.

Il est donc impossible de remonter jusqu'aux élémens de nos sensations ou de
nos connaissances , puisque dans l'empire
de la pensée , on ne peut trouver que des
sensations ou des connaissances. Par quel
moyen aurions-nous la connaissance d'une
portion de sensation qui ne serait pas une
sensation complette , d'un élement qui ,
suivant l'analogie, serait aussi contraire aux
sensations ordinaires que l'oxigène seul est
distinct de l'eau ? Ainsi pour s'élever à la
connaissance d'un élément de sensation , s'il
en existe , il faudrait connaître quelque
chose , qui ne fût pas une connaissance.

Chaque sensation est indépendante des
autres; elle seule nous donne la connaissance d'elle-même; elle n'est formée d'aucun
élément ; au contraire , sa principale qualité est de n'en point avoir.

En un mot, voici notre raisonnement :

Les élémens de nos connaissances ne peuvent pas être des connaissances ;

Nous ne pouvons avoir que des connaissances ;

Donc nous ne pouvons pas arriver jusqu'aux élémens de nos connaissances.

En effet, l'on est d'accord de nommer élémens les parties constitutives d'un objet, mais non pas l'objet lui-même. Or, il est évident que l'élément de nos connaissances doit être autre chose qu'une connaissance.

Nous sommes également certain que rien n'est et ne peut être du domaine de la pensée, sans être une connaissance. Les sensations internes, extérieures, les abstractions, quelle que soit leur source, leur origine, ne peuvent pas se ranger dans une classe différente. Supposerons-nous que les élémens de nos sensations sont des êtres inintelligibles, des noumènes, des essences, une nature inconnue; mais cette supposition est elle-même une connaissance en tant que nous la comprenons, et que nous la présentons à l'imagination des autres. C'est encore une connaissance qui, par conséquent, ne peut pas être l'élément d'une connaissance.

Nous sommes donc forcés de conclure que nous ne pourrons jamais saisir les élémens de nos connaissances, et que toutes les abstractions présentes, passées et futures, sont frappées de la même incapacité.

Il est vrai que nous avons des sensations particulières qui sont comprises dans les générales, et qui servent à les former ; mais ce ne sont là que des sensations, et point du tout des élémens de sensations.

On peut en juger par les effets ; en est-il une seule qui puisse expliquer des connaissances d'un autre genre, d'une autre espèce ? Les sensations de la vue ne nous donnent pas la connaissance des sons, des odeurs, des saveurs ; le bleu ne nous instruit pas sur le rouge, le vert, l'indigo, etc. Les couleurs sont tout aussi impuissantes pour créer les idées d'espace, de temps, de mouvement, de cause, d'effet, etc.

Les vérités abstraites n'ont pas plus de fécondité. L'unité ne contient pas les connaissances de l'étendue, des formes, de l'existence. Elles ne peuvent pas mieux nous élever à la connaissance des objets extérieurs, ou des sensations de la vue, de l'ouïe, du goût, etc.

Un véritable élément de nos sensations, au contraire, enfanterait, sans effort, tous les phénomènes de la nature et de la pensée, puisqu'il en serait la base, le principe constituant. Ainsi, quoique nous ayons des sensations particulières, l'on n'est point en droit de les considérer comme des élémens de sensation. N'ayant pas la faculté de trouver ces élémens, nous n'avons pas celle de les examiner ensemble ou séparément, ni celle de les définir.

Des objets, du moi et des relations.

LES objets extérieurs, la nature, le monde, l'univers, la matière, les sujets de nos pensées, sont autant de sensations entières et complettes. Nous savons parfaitement que nous acquérons ces pensées de la même manière que toutes les autres. C'est par le secours de nos organes que nous apercevons ces objets, que nous pouvons nous instruire sur les couleurs, les sons, les odeurs, les saveurs ; enfin, sur toutes les qualités des êtres qui nous environnent. Ces instrumens nous sont indispensables pour produire des sensations ; il faut donc convenir que celles de la nature, de l'univers, des objets pensés, ne sont pas indépendantes de nos organes ; il n'y a point encore là de fragmens de sensation.

Nous connaissons deux sortes de moi, uivant les rapports sous lesquels on peut envisager l'homme ; le moi connu et le moi pensant. Le moi connu c'est notre corps. Il nous est connu de la même manière que tous les objets extérieurs ; nous le voyons, nous le touchons, nous distinguons sa tête, ses pieds, ses mains, et en conséquence il fait partie des choses connues. Le moi pensant est l'être qui a la conscience qu'il sent et qu'il pense ; c'est ce qui arrive, lorsque l'œil voit sans se voir, la main sans se toucher, etc.

Personne ne peut se sentir comme un être pensant, s'il n'a pas au moins un souvenir et une sensation présente. C'est en observant que nous avons eu successivement plusieurs sensations, que nous pouvons dire : c'est *nous* qui les avons éprouvées. Ainsi, le moi pensant est une abstraction qui retrace l'un des caractères propres à toutes nos sensations. Nous devons donc le regarder lui-même comme une sensation particulière et non point comme un élément de sensation.

Il en est de même de nos relations. L'on sait qu'il existe des rapports entre nous et la nature, ou entre les divers objets. Une chose est grande ou petite, cause ou effet, prin-

pale ou subordonnée, suivant les êtres avec
qui on la compare.

Ces relations sont bien évidemment des
sensations, puisqu'elles sont des actes de
notre sensibilité. Avant de les produire, il
faut avoir des sensations qu'on met ensemble,
que l'on examine et dont on reconnaît la
position, la grandeur, la forme respective.
Or, la vue de ces tableaux, de ces masses
nouvelles, ne nous donne que des sensations.

N'allez pas vous imaginer que la *nature*,
le *moi pensant* et les *relations*, ne sont pas
autre chose pour les métaphysiciens que
pour les autres hommes. Le peuple ne voit
là que des sensations d'espèces diverses,
tandis que les philosophes les considèrent
comme des élémens de sensation. Leurs sub-
tibilités ont donné le jour aux cinq doctrines
suivantes, que nous appelerons *naturalisme*,
égoïsme, *dualisme*, *relation*, *trialisme*.

1.º Connaissance de la nature ou des objets
pensés, d'une manière absolument indépendante du moi, autrement du *naturalisme*;
2.º connaissance du moi et de ses manières
d'être, quand il n'a rien de commun avec
les corps extérieurs, ou de l'*égoïsme*;
3.º connaissance d'un moi et d'une nature

parfaitement distincts l'un de l'autre, mais dont la combinaison est nécessaire pour former nos sensations : le concours de ces deux principes se nomme *dualisme* ; 4.º connaissance des rapports ou des *relations*, sans avoir la moindre idée d'un être absolu, de l'essence, de la nature, de la substance des choses qui sont en relation ; 5.º enfin, connaissance du *trialisme*, ou des trois élémens indispensables à toute sensation ; savoir : *l'objet pensé*, le *moi pensant* et la *relation*.

Il ne faut pas beaucoup de sagacité pour découvrir le néant de ces systèmes. Nous ne pouvons pas avoir la sensation d'un *objet pensé*, sans un *être pensant* ; celle du *moi*, sans connaître un objet pensé ; et celle d'une *relation*, sans le secours d'un moi et d'un objet absolu.

Tâchons de rendre sensible, par un exemple, le vice de ces opinions. *Nous pensons à un arbre.* Quelle est la décomposition dont cette sensation est susceptible ?

Nous avons une sensation actuelle . . . . . *Arbre.*

Un objet extérieur ou pensé . . *Arbre.*

Un moi pensant . . . . *Arbre.*

(Le moi n'est que la sensation éprouvée. Voy. Condillac, traité des sensat.)

Une relation entre l'objet et le moi. *Arbre.*

D'où je conclus qu'une sensation ; ou chacun de ces prétendus élémens renferme la même idée, la même image, le même tableau. Que je dise simplement *arbre*, ou bien *arbre pensé*, *moi pensant arbre*, *relation arbre*, c'est toujours une seule et même chose à laquelle on donne quatre noms différens.

Il n'existe qu'une division de mots, et non pas une division de choses. Ainsi, d'après notre exemple, les *objets pensés* ou les *relations*, peuvent être envisagés sous le même point de vue que le *moi pensant* et réciproquement. L'*objet*, le *moi* et les *relations*, changent de rôle et de fonctions avec la plus grande facilité; ou mieux encore, ils n'expriment et ne sont qu'une même sensation.

Par le moyen de ces espèces de transformations, nous voyons que tous les systèmes se confondent, se détruisent, disparaissent et ne nous laissent pour résultat que des sensations.

Cette analogie prouve clairement que nos sensations sont indécomposables, et que leur signification est semblable à celle de leurs élémens supposés. Il est donc certain que les *objets pensés*, le *moi pensant* et la

relation,

relation ne sont pas des élémens, puisque chacun d'eux a la valeur d'une sensation entière et complette. Il n'y a point de division, de fraction, en conséquence il n'y a pas d'élémens. Que des chimistes mettent une matière quelconque dans leur creuset, s'ils ne voient jamais reparaître que cette matière, pourront-ils dire d'en avoir fait la décomposition, d'en avoir trouvé les élémens?

La supposition d'un élément de sensation est donc contradictoire à l'existence d'une expérience, d'une règle et de toutes sortes de connaissances. Nous ne pouvons rien imaginer de semblable, et si l'on s'est abusé là-dessus, c'est parce qu'on ne s'est pas fait une idée exacte de ce qu'on voulait exprimer. Tous les ouvrages de métaphysique sont infectés de ces faux principes ; l'on y regarde la *nature*, le *moi pensant* et leurs *rapports*, non comme des sensations, mais comme des élémens de sensation. Telle est la source des systèmes bizarres et monstrueux de la plupart des philosophes. Retraçons quelques unes de leurs erreurs.

Du Naturalisme, autrement de l'Empirisme.

Toute sensation est la connaissance d'un objet extérieur ; ainsi l'homme, de même qu'un miroir ou une eau tranquille, représente fidèlement les images qu'il reçoit.

Nos sensations sont de deux espèces ; les externes, qui comprennent celles de la vue, de l'ouïe, du goût, de l'odorat et du toucher ; les internes ou celles de la faim, de la soif, du froid, de la chaleur, etc. Nous devons aux corps extérieurs les impressions des couleurs, des sons, des saveurs. A l'égard des sensations de la faim, de la soif, elles sont produites par l'irritation de l'estomac ou du gosier.

Les souvenirs, les abstractions, les idées imaginaires, enfin toutes nos pensées, ont d'abord passé par le canal de nos sens : *Nihil est in intellectu, quam primum in sensu.* Elles ne sont donc évidemment que le résultat des impressions extérieures.

Ces sensations sont vraies ou fausses ; elles sont vraies, lorsqu'elles viennent d'un objet extérieur, sans lequel elles n'existeraient pas. Ainsi, pour avoir les sensations de couleur, de son, de saveur, il faut nécessairement la présence d'objets colorés , suaves , sonores ; alors elles sont vraies et incontestables pour tous les hommes.

Nos sensations sont fausses, lorsque nous attribuons à des objets extérieurs une impression que nous ne tenons pas d'eux. Par exemple , après avoir vu des objets , nous pouvons très-bien , soit par défaut de mémoire , soit par l'effet d'une passion, nous les représenter sous une couleur qu'ils n'ont pas. Veut-on reconnaître cette erreur , le seul moyen c'est de voir l'objet même.

Les sensations sont générales ou particulières ; une sensation est particulière quand l'objet extérieur ne nous donne la connaissance que d'un individu. Elle est générale , lorsque nous recevons à la fois les impressions d'une foule d'objets semblables. La vue d'un arbre est un exemple de la première espèce ; celle de plusieurs arbres est un exemple de la seconde.

La réalité des sensations générales est aussi certaine que celle des sensations particulières ; les unes comme les autres sont produites par les impressions des objets extérieurs , et se rapportent immédiatement à eux ; donc elles ont la même certitude.

Les sensations se divisent encore en accidentelles et éternelles. Les objets extérieurs
ont des qualités essentielles , sans lesquelles
ils ne peuvent pas exister. Ils en ont d'autres qui ne leur servent que d'accessoires, et
qu'on peut volontiers en séparer ; l'impression des premières, forme nos sensations éternelles , et l'impression des secondes , nos
sensations accidentelles.

Un triangle a trois angles et trois côtés.
La ligne droite est le plus court chemin d'un
point à un autre. La cause a un effet, l'effet
a une cause. Voilà des vérités immuables.
Otez au triangle un de ses angles et de ses
côtés , ce ne sera plus un triangle. Quelqu'un a soutenu que l'idée d'une ligne droite
ne renferme pas nécessairement celle d'être
plus courte; qu'ainsi nous ne devons pas
cette vérité à l'impression des objets extérieurs ; « qu'une ligne droite me soit donnée
entre deux points , j'ai beau analyser et dis-
séquer , en mille manières, l'idée d'une ligne , suite de points, et l'idée de rectitude ,
je n'y trouve nullement celle de plus court
et de plus long; droit est une qualité dont
jamais nulle idée de quantité ou de grandeur
ne peut résulter. »

Sans doute M. Charles Villers n'a pas voulu voir qu'on fait une comparaison de la ligne droite avec la ligne courbe; qu'on les représente toutes les deux comme un espace, un chemin ; qu'en conséquence on décide que la ligne courbe est plus longue que la ligne droite, et que la ligne droite cesserait de l'être, si elle n'était pas le plus court chemin d'un point à un autre.

Les sensations accidentelles viennent de ces qualités secondaires qui ne sont pas indispensables à l'existence des objets extérieurs. Telle est la couleur des corps. On peut avoir la connaissance d'une chose, sans lui soupçonner une couleur, témoins les aveugles. Il en est de même du son, de la saveur, des odeurs, de la tangibilité. Nous pouvons très-bien nous figurer les objets dépouillés de l'une ou de l'autre de ces qualités.

L'on reconnaît facilement les erreurs de ce système. Il est vrai que les objets extérieurs nous donnent des sensations, mais il est faux que nous n'en avons pas d'une autre espèce. Voilà par où l'hypothèse du naturalisme offre des difficultés insolubles ; arrêtons-nous à celles dont la vérité a le moins besoin de démonstration.

1.º Nous avons la connaissance de quelque chose qui n'est pas extérieur, c'est l'être pensant. Loin d'avoir cette qualité, il en a une opposée; il est intérieur, et ce n'est même que par rapport à lui qu'il existe des corps extérieurs; quand l'être pensant serait matière, serait partie de la matière, toujours est-il impossible de nier que nous avons la connaissance de quelque chose d'intérieur, d'un être qui reçoit les impressions extérieures.

2.º Les relations paraissent autant dépendre de l'être pensant que de la chose pensée; ainsi, lorsque nous comparons plusieurs arbres, nous jugeons qu'ils sont grands ou petits; mais si nous les examinons isolément, nous ne voyons plus ces qualités. Or, pourquoi des êtres inertes, des arbres, ne font-ils pas toujours sur nous la même impression, puisqu'on assure que leur grandeur ou leur petitesse, vient exclusivement d'eux?

3.º Nos sensations imaginaires et chimériques ne sont pas mieux le résultat des impressions extérieures. Telles sont la plupart des créations des arts, de la peinture, de la poésie. Malgré que les parties, dont les êtres fantastiques se composent, soient tirées du monde extérieur, il n'en faut pas moins convenir que ces nouvelles combinaisons sont l'ouvrage de l'être pensant, et ne sont pas des impressions d'objets extérieurs.

Système de l'égoïsme ou du moi pensant.

L'ÊTRE pensant, qui semblait remplir un rôle absolument passif, devient ici le principal, et, pour ainsi dire, l'unique instrument de nos connaissances.

Les sensations ne sont que la connaissance de nos modifications ou de nos manières d'être. Ainsi, les sensations de couleur, de son, de saveur, ne peuvent pas exister dans les objets hors de nous ; elles ne peuvent avoir lieu qu'autant qu'elles se trouvent dans un être qui voit, qui entend et qui savoure; en conséquence nos sensations indiquent les diverses modifications de l'être pensant, et rien de plus. Telle a été la doctrine de Berkelay, Mallebranche, Condillac, et l'absurdité des conséquences va démontrer la fausseté de cette opinion.

Notre pensée n'est pas le corps extérieur, puisqu'elle n'est qu'une modification de notre esprit ; elle n'est pas mieux l'image des objets hors de nous , puisque , je le répète , la pensée n'est que notre propre manière d'être ; il nous est donc impossible de savoir s'il existe des objets extérieurs, et s'ils ont des qualités.

Berkelay et le père Mallebranche ont admis ce résultat, plutôt que de renoncer à leur principe ; ils n'ont pas fait attention que l'existence des corps est encore plus certaine que leur définition et leurs raisonnemens ; Condillac a cru pouvoir lever cette difficulté ; il a prétendu que le toucher nous donne la faculté de connaître les objets extérieurs.

Le toucher , il est vrai , nous apprend qu'il y a des corps durs , tendres , chauds , froids , etc. ; que nous sommes surs de les trouver à leur place , et d'en éprouver des sensations déterminées ; alors notre esprit semble s'étendre sous la main , sous toutes les parties de nous-mêmes , pour sentir, par le tact, les objets hors de nous ; mais qu'en peut-on conclure ? Lorsqu'on touche une table , il y a toujours , comme dans les sensations des autres organes , un sentiment qui n'est également qu'une modification de nous-mêmes. Cette réponse avait été prévue par Berkelay et Mallebranche : aussi , ces métaphysiciens ont-ils déclaré nettement que nous n'avions pas de moyens physiques pour reconnaître s'il existait des objets extérieurs.

L'un des disciples de Condillac, M. Destut-Tracy , n'est pas plus heureux que son maître dans l'explication de ce phénomène. Il pense que la connaissance des objets extérieurs vient de notre volonté , mais notre volonté en est incapable comme notre toucher.

Que nous agissions d'une manière ou d'une autre , avec intention , ou contre notre gré , cela ne change rien à nos pensées ; elles n'en restent pas moins de simples modifications de nous-mêmes. Tous les corps et leurs qualités ne sont et ne peuvent être que cela. Leur existence n'est donc qu'une illusion de notre esprit. L'exercice de la faculté de vouloir , prouve seulement que nous prenons alors une détermination nouvelle ; comparer , juger , imaginer , désirer , craindre , espérer , vouloir , ne sont jamais que des modifications de l'être qui connaît.

Les deux hypothèses précédentes sont inconciliables avec la raison humaine. Le principe que nos sensations sont la connaissance pure et simple des objets extérieurs , est faux

et incomplet sous plusieurs rapports. L'opinion que nos sensations sont la connaissance
de nous-mêmes et de nos propres modifications, nous conduit à des résultats aussi ré-
voltans. Ne pourrait-on pas concilier ces deux
systèmes, et dire que nos sensations sont,
tout-à-la-fois la connaissance des objets extérieurs, celle de nous-mêmes et de nos modifications ? Dans cette supposition, il s'agit
de couper nos sensations en deux, de distinguer ce qui vient des objets et ce qui vient
de nous, de faire la part de chacun ; ce problème peut être envisagé sous trois points de
vue différens.

Les principes universels de nos connaissances viennent de nous, et les faits parti-
culiers, des objets extérieurs ; peut-être le
contraire a lieu. Il est également possible
qu'il y ait du variable et de l'universel, soit
dans les corps extérieurs, soit dans le moi
pensant.

Examinons la probabilité de toutes ces
propositions.

Du Dualisme.

PLATON, Leybnitz et Kant, sont les fon-
dateurs de la première de ces hypothèses,

ainsi qu'on peut le voir dans les écrits qu'ils nous ont laissés.

Leur système est établi sur une raison assez spécieuse ; ils ont dit : Les objets extérieurs n'agissent sur nous que dans le présent. Ce n'est donc pas eux qui nous apprennent ce qu'ils seront à l'avenir ; si demain ils seront anéantis, si leur composition sera changée. A qui, par exemple, devons-nous la conviction qu'aucun être sensible, même inconnu, ne peut exister que dans l'espace et le temps ?

On a conclu delà que tout ce qui est universel vient de nous, et ce qui est variable des objets extérieurs. Ainsi par la raison que nous ne pouvons pas nous figurer des corps, sans leur appliquer la qualité d'espace, nous devons considérer l'espace comme ayant sa source en nous, comme une loi générale, ou une forme de notre sensibilité. Au contraire, la couleur des êtres n'a rien de fixe et de constant ; elle est tantôt verte, tantôt rouge, et elle n'est donc occasionnée que par la rencontre fortuite de ce qui nous environne.

Quelles seraient les conséquences de ces principes ? D'abord si toutes les régles générales et universelles ne sont que des formes de notre sensibilité, il est certain qu'elles ne représentent rien d'extérieur. En conséquence l'espace, le temps, le mouvement, les causes, les effets, l'existence, l'extériorité même, ne sont que nos propres manières d'être; mais alors il est évident que nous donnons de l'extériorité une idée absolument contradictoire à celle que nous en avons; car il n'y a personne qui ne regarde les corps extérieurs comme quelque chose hors de nous.

Ainsi, nous reproduisons sur ce point l'absurde résultat du système de l'égoïsme; qu'il n'y a point d'existence, point d'extériorité indépendamment de nous et hors de l'être pensant. Alors ces qualités générales et universelles d'intériorité, d'extériorité, de temps, d'espace, de cause, d'effet, que nous appliquons aux objets, sont des illusions de notre faculté de connaître, de pures formes de notre intelligence bien distinctes des objets. Il n'est pas vrai qu'elles existent hors de nous, qu'elles aient leur type dans le monde extérieur, malgré que notre conviction semble nous assurer la réalité du contraire.

La logique nous forcerait d'adopter ce raisonnement, si le moi pensant et les objets étaient vraiment des portions, des fragmens, des élémens de sensation ; mais nous avons appris que ce sont des sensations entières ; il est donc faux que nous puissions observer la combinaison et la fonction particulière de ces prétendus élémens, puisque ce ne sont pas des élémens.

La vue physique et intellectuelle de ces élémens, s'il en existe, n'est pas en notre pouvoir. Or, la supposition que nous en faisons, est nécessairement opposée à toutes nos connaissances, et par-là même elle doit toujours nous paraître fausse, car nous n'avons que nos sensations pour juger de la vérité ou de la fausseté des choses.

L'on prétend que le dualisme explique assez bien quelques circonstances de nos sensations, et entr'autres, pourquoi l'espace, le temps, le mouvement, les nombres, etc. nous paraissent infinis et absolus ? Mais en revanche, de quels nuages n'a-t-on pas enveloppé la science des faits, celles de la nature et de l'univers ? L'on a voulu nous faire croire que l'existence, l'extériorité, l'étendue des corps, ne sont pas dans eux ; que ces qualités sont de simples formes de notre entendement. Certes, un système qui élève des difficultés plus sérieuses que celles qu'il résout, doit être rejeté sans autre examen.

Ce n'est pas le seul défaut de cette hypothèse, nous y reviendrons ; M. Ancillon est le premier, je crois, qui, pour les signaler, nous ait donné l'idée d'une opinion absolument contraire ; elle consiste à supposer que tout ce qui est universel dérive des corps, et que ce qui est variable vient de notre nature et des changemens de l'être pensant. En effet, pourquoi ne pourrait-on pas répartir ainsi les rôles des acteurs de nos sensations ?

Quoique les corps n'agissent sur nous qu'actuellement, ils peuvent avoir des qualités inséparables d'eux-mêmes, et sans lesquelles on ne peut les concevoir. En conséquence, l'espace étant une condition, une qualité essentielle des corps extérieurs, elle doit en faire partie, soit que nous les connaissions, soit que nous ne les connaissions pas, soit enfin que nous ne fassions que nous les représenter.

D'un autre côté, rien n'empêche que le variable n'ait son origine dans nous ; les faits semblent se présenter en foule pour appuyer ce sentiment. Nous savons que nos sensations varient suivant l'organisation et les maladies. Ainsi, l'humeur de l'œil change la couleur d'un objet. L'individu qui a la bile voit tout en jaune ; celui dont le sang est échauffé, n'aperçoit que du rouge. D'ailleurs, n'est-il pas certain qu'un objet reste extérieurement le même, tandis que chacun de nos sens en reçoit des sensations particulières; la vue, celle de couleur; l'ouïe, celle de son ; l'odorat, celle d'odeur, etc. ?

Au surplus, quelque spécieuse que soit cette nouvelle hypothèse, il est remarquable qu'elle produit les mêmes absurdités que la précédente.

Observons, en effet, que si le variable est en nous, il n'y a plus d'individus hors de nous, mais seulement des genres et des espèces. Nous ne pouvons plus avoir des règles générales, simplement spéculatives ou imaginaires. Les principes venant tous des objets et résidant exclusivement en eux, ils ne seraient pas donnés par l'être pensant ou le moi.

Alors leur origine est toute extérieure, physique, matérielle, expérimentale. En conséquence, ils sont toujours vrais comme l'existence des corps dont ils dérivent, dont ils sont une émanation. Mais qui osera dire que nous n'avons pas de faux principes, de fausses règles, et que nous ne pouvons pas en créer ; que nous ne distinguons pas les principes susceptibles d'être expérimentés, de ceux qui ne le sont pas ?

Passons à la troisième espèce de dualisme. Ne peut-on pas supposer que des connaissances variables et universelles, ont leur source dans le moi pensant, et que d'autres connaissances également variables et universelles nous sont données par les objets extérieurs ? L'on voit que cette considération peut faire naître autant de systèmes que nous avons de sensations ; car nous avons la faculté de les attribuer successivement, et une par une, tantôt aux objets, tantôt à l'être pensant. Quelque longue que fût cette voie, encore faudrait-il la tenter, si l'on avait l'espérance d'y trouver la vérité ; mais ce travail serait vain par des motifs qui servent à détruire, non-seulement ce genre d'hypothèse, mais encore les deux systèmes précédens.

1.º Quelle que soit une sensation, variable
ou

ou universelle , extérieure ou interne , expérimentale ou hypothétique , elle comprend toujours la sensation d'un être pensant et d'un objet pensé. Ainsi , la sensation de ce qui est variable , comme de ce qui est universel, exige indispensablement un être qui pense et une chose pensée. En conséquence, il est certain qu'une sensation variable ou universelle ne peut pas venir exclusivement de l'un ou de l'autre ; la sensibilité humaine est incapable de sentir isolément un être connaissant ou un être connu, d'avoir une sensation sans une pensée , ou sans un être pensant.

Cette observation détruit entièrement les hypothèses du dualisme, puisqu'elle démontre qu'il n'y a point de connaissance due exclusivement aux objets ou au moi pensant, et qu'il est impossible à l'esprit humain de faire une conception de cette nature.

2.º Les corps ont une foule de qualités qui ne leur sont point du tout inhérentes ; telles sont la pesanteur , la légèreté, le mouvement, le repos, la force , la cause, l'effet, la hauteur , etc. Bien loin que ces qualités soient immuables dans les individus, on voit sans cesse qu'elles s'acquièrent, se

changent ou se perdent, Le même objet
nous paraît grand ou petit, fort ou faible,
pesant ou léger, suivant qu'on le compare
avec tel ou tel autre objet ; ces qualités ne
sont pas dans les objets , puisque ces objets
en prennent de contraires , d'opposées ; elles
ne sont pas mieux dans nous , puisqu'elles
dépendent de leurs termes de comparaison;
elles ne sont l'essence ni du moi, ni des
corps ; que sont-elles donc ?

L'on a prétendu qu'elles sont des *relations.*
Voyons quelle est la signification de ce mot
et les systèmes qu'il indique.

Système des relations.

DANS l'usage ordinaire, on entend par
relation la comparaison d'une sensation avec
une autre sensation ; mais dans l'hypothèse
actuelle , ce mot exprime l'influence , le
rapport qui existe entre d'autres *relations.*
Le soleil et la terre sont en relation
d'attraction ; si le soleil seul augmentait ou
diminuait de masse , la terre serait plus ou
moins attirée; au contraire , si le soleil de-
meurant tel qu'il est , la terre changeait de
volume et de poids, la force de son attrac-

tion ne serait plus la même. Enfin , si l'on mettait la terre autour d'un autre soleil, elle n'aurait plus de rapports avec le nôtre.

Nous allons démontrer , de la même manière , que nos sensations ne sont que des relations entre les objets pensés et l'être pensant.

D'abord , l'on ne peut pas soutenir que la sensation soit la connaissance de l'objet extérieur en lui-même ; il faudrait pour cela que les corps passassent tout entiers en nous, qu'ils s'incorporassent avec nous , et que nos organes se connussent eux-mêmes. L'attraction du soleil sur la terre n'est pas le soleil ni la terre , car ces deux corps pourraient être séparés , perdre leurs rapports d'attraction et cependant exister ; les couleurs , les sons, les saveurs, ne sont pas non plus, soit nos organes , soit les objets extérieurs. L'on n'aurait jamais eu ces sensations , si nous avions été privés de la présence de tous ces corps , de même que si nous n'avions pas eu de sens extérieurs.

Ainsi, les sensations ne sont pas nous, ne sont pas les êtres du dehors, ce sont des *relations*, en d'autres termes , les influences réciproques de deux choses. Quand le fer

est attiré par l'aimant, ce phénomène dépend
de la masse du fer, de l'ouverture de ses
pores, du poids de l'aimant, de sa position,
du cours des particules qui s'en détachent. Il
en est de même des sensations ; si l'on montre un trésor à un avare, ses désirs seront
plus ou moins violens, en raison de sa rapa-
cité et de la quantité d'or qu'il apercevra.
Ainsi, nos sensations consistent dans le rapprochement de deux choses, et varient suivant le contact de l'une sur l'autre.

D'abord, nos premières sensations sont
des touts indivisibles ; la sensation de la fleur
qu'on voit et qu'on odore n'est qu'une masse.
La couleur, l'odeur, l'objet et notre organe,
sont absolument confondus ; on ne se doute
pas même que ce bloc puisse contenir d'autres sensations.

Cependant, lorsque nous savons que les
corps sont hors les uns des autres, qu'ils se
meuvent de diverses manières, alors nous
partageons notre sensation en deux morceaux, moi et la fleur ; arrivés à ce point,
on demande où se trouve la sensation ; est-
elle exclusivement dans l'un des deux ?

Si elle dérivait uniquement de nos organes, elle y serait alors même que nos sens

n'auraient jamais été en contact avec les corps étrangers. Ainsi, par cela seul qu'on jouirait de la vue, on connaîtrait toutes sortes de couleurs, malgré qu'elles n'eussent point frappé nos regards ; ce qui est d'une fausseté évidente.

Les connaissances extérieures n'existent pas mieux dans les objets hors de nous ; l'expérience nous démontre que la conformation de nos sens et leur altération, modifie nos sensations. Un homme en santé trouve bon le vin et les mets qu'on lui sert ; demain, s'il est malade, il peut les trouver insipides et mauvais. Or, si la sensation existait dans les corps sentis, elle serait toujours la même, aucune révolution des sens ne pourrait la modifier, la changer, puisqu'elle ne dépendrait pas d'eux.

En conséquence, nous avons des connaissances extérieures, lorsque les sens et les objets sont en contact, soit activement, soit passivement. Toutes les fois que cette action a lieu entre la vue et les rayons visuels, l'ouïe et l'air frémissant, le palais et les émanations des corps, nous éprouvons des sensations ; et du moment que cette action cesse, la pensée s'évanouit. Ainsi, nos connaissances extérieures n'étant ni dans les corps, ni dans les organes, elles ne peuvent être que dans leur rapprochement, dans leur corrélation, ou plutôt ne sont que cette *relation*, ce rapport, ce contact, cette action, cette influence, cette modification réciproque, tout comme on voudra l'appeler.

On peut remarquer, en effet, que nous ne sentons qu'autant que les objets et nos organes se trouvent en présence, en regard, et suivant la manière dont ils influent les uns sur les autres. J'entends du bruit, c'est parce que je suis à tel endroit ; à gauche, le son devient faible ; si je m'éloigne davantage, il cesse d'exister pour moi.

Toutes nos sensations n'expriment rien de plus, ni de moins que l'action respective de nous et des objets. Les sensations internes sont également des *relations*, et non pas de simples états d'un sens.

La nature n'a pas donné aux nerfs la propriété de se connaître eux-mêmes ; si l'homme avait cette faculté, il connaîtrait, sans étude, sans aucun secours étranger, l'essence, le nombre, l'arrangement, le jeu, les modifications de ses nerfs ; il lirait mieux dans son intérieur qu'au dehors. Mais nous sommes forcés de convenir que les nerfs n'ont pas la connaissance intime de leur être ; que tout leur office se réduit à sentir des corps voisins , à connaître des relations. La faim est excitée par l'action de quelques acides sur les nerfs de l'estomac ; la soif , par l'influence de la salive sur les nerfs du gosier. Ces sensations internes sont donc relatives comme celles du dehors ; elles naissent , changent et périssent d'une manière semblable.

Les nerfs n'ont pas la science d'eux-mêmes ; ils ne peuvent donc rien connaître que par contact ou relation. Ainsi , les sensations agréables ou douloureuses du bras , de la jambe , de l'estomac, du cerveau, ne peuvent être que l'impression d'un nerf sur une autre portion de nerfs. Dès l'instant qu'une personne dit : je pense, je bois , elle établit par-là même une relation entre le moi connaissant et le moi connu.

Ajoutons une supposition ingénieuse de Mallebranche et de Condillac , pour montrer que la durée et la grandeur des corps ne sont que des *relations* entre eux et nous. « Imaginons qu'un monde composé d'autant de parties que le nôtre , n'est pas plus gros qu'une

noisette, les astres s'y leveront et s'y cou-
cheront des milliers de fois dans une de nos
heures. »

« Ainsi, pendant que la terre de ce petit
monde tournera autour de son axe et de son
soleil, ses habitans recevront autant d'idées
que nous en avons, pendant que notre terre
fait de semblables révolutions ; dès-lors il est
évident que leurs jours et leurs années leur
paraîtront aussi longs que les nôtres nous le
paraissent. »

« Supposons un autre monde qui soit des
milliers de fois plus gros que le nôtre, ceux
qui l'habiteraient auraient à peine l'idée
d'une révolution de leur globe ; tandis que
nous aurions dans le même temps mille et
mille fois la même idée, ils seraient absolument, par rapport à notre monde, comme
nous, par rapport au monde petit comme
une noisette. »

Entraînés par ces considérations, l'on a
dit que toutes nos connaissances sont *relatives* ; que nos sensations sont des *relations*.
Mais en poussant ce principe jusqu'à ses der-
nières conséquences, nous en reconnaissons
bientôt les défauts.

Si toutes nos sensations sont des rela-

tions, nous sommes forcés de convenir que
le moi et les objets pensés ne sont également
que des relations.

En effet, nous venons de voir que les
objets pensés ne nous sont connus que par
leurs *relations* avec le moi; et que si le moi
n'a pas la faculté de se connaître lui-même,
il a du moins celle de connaître ses *relations*
avec les objets.

Nous n'avons que des relations; les objets
les plus matériels, les arbres, les pierres,
les chevaux, en un mot tous les corps possibles sont des relations ou des composés de
relations.

Suivons les résultats de ce raisonnement;
il est certain qu'une *relation* est l'influence
mutuelle qui existe entre deux choses; or,
toute relation est anéantie dès que ces choses
n'ont plus de rapports entr'elles. Ainsi, supposons que l'homme ne soit plus un être
pensant; à l'instant même, la nature entière
périt; car tous les objets n'étant pour nous
que des relations, ils ne sont plus rien,
puisqu'ils ont cessé d'être des relations.

En second lieu, nous venons de rappeler
que les relations exigent impérieusement
l'influence de deux choses, et que si l'une

d'elles vient à manquer, il n'y a plus de relation. Mais que signifient ce *moi*, ces *objets
pensés*, ces choses qui sont en relation? Ce
ne sont que des *relations*, suivant le principe, que toutes nos connaissances ont ce
caractère. Ainsi, nous sommes en droit de
conclure que le moi et les objets sont des
relations entre plusieurs autres relations.

Je conviens que notre conscience ne don-
nera pas facilement son assentiment à cette
proposition ; qu'elle ne se persuadera jamais
qu'une relation, qu'un rapport accidentel et
fugitif, qui a besoin de support, d'appui,
de fondement, soit lui-même la base d'une
autre relation.

Quelqu'effort d'esprit que nous puissions
faire, nous ne concevrons jamais qu'il n'y
ait pas dans le moi et dans les objets pensés,
quelque chose de plus physique que des relations ; que les corps, le monde, l'univers
cesseraient d'exister, si les êtres animés
n'avaient plus d'organes pour les connaître.
En vain dépouillerions-nous un arbre, une
fleur de leurs qualités sensibles, nous re-
gardons toujours ces objets comme quelque
chose d'existant, de matériel, d'étendu.

Ce qui répugne le plus à la raison dans le

système des relations, c'est que toutes les réalités disparaissent ; il n'en est pas une seule qui puisse échapper à sa faulx. Lorsqu'on dit que toutes nos sensations sont des relations, l'existence des êtres hors de nous, la nôtre devient non-seulement un problème, mais un paradoxe ; car nous croyons tous que l'être pensant et les objets renferment quelque chose de réel, et cependant la relation n'a rien de constant ; elle n'est qu'une qualité fugitive, accidentelle, qui ne fait partie d'aucun être, et qui change elle-même, sans changer de place. Ainsi, la petitesse et la grandeur peuvent être les qualités d'un même homme, suivant les individus auxquels on le compare.

Que conclure de tout ce jargon scientifique ? Qu'il n'y a point de relation dans le sens que l'entendent les philosophes ; que leurs divagations ont pour origine commune des abstractions de mots auxquels ils donnent une valeur qu'elles n'auront jamais ; le but de leurs recherches était de trouver les élémens de nos sensations, et nous savons que l'homme ne peut avoir que des sensations entières et complètes.

Trialisme ou système des trois principes.

Nos sensations paraissent toutes composées de trois élémens, du moi pensant, d'un
objet pensé et de leur relation. Or, si nous
voulons recomposer une sensation, il faut
non-seulement une qualité, une influence
réciproque, mais encore les deux acteurs de
ce rapport, c'est-à-dire l'objet pensé et le moi
pensant. En ne tenant pas compte de tous
les élémens d'une sensation, il est certain
que nous ne pouvons pas reproduire une sensation complète.

Les corps sont la base de toutes nos connaissances ; c'est eux qui sont en rapport,
qui font naître des qualités, et qui leur servent d'appui.

Le moi et l'objet sont des connaissances
absolues et indépendantes de tout rapport ;
ils existent, soit que nous ayons des sensations, soit que nous n'en ayons pas. La sensation nous instruit de leur présence, de
leur existence, mais elle ne crée pas leur
corps, leur substance, leur être, de la
même manière qu'elle produit leurs relations, leurs influences.

La faculté d'avoir des relations, celle de

voir, d'entendre, de goûter, de savourer, de boire, de manger, d'agir, de se souvenir, d'abstraire, de vouloir, etc., sont également des connaissances absolues, parce qu'elles dérivent du moi considéré en lui-même. Effectivement, nous pouvons ne rien sentir et n'en pas moins conserver ces facultés. Elles restent donc en nous, quoique nous n'ayons pas actuellement des sensations, des pensées.

Par la raison contraire, les êtres auraient encore la possibilité d'être vus, entendus, touchés, goûtés, odorés, dans la supposition que les organes de la sensibilité n'existassent plus.

Cette faculté de sentir, lorsqu'elle ne s'exerce sur rien, et cette possibilité d'être connu et senti, lorsqu'on ne l'est pas, se bornent à pouvoir former toutes les relations qui n'existent pas encore, mais qui peuvent avoir lieu entre l'objet et le moi.

Admettons que la relation, l'objet et le moi, ne soient pas des sensations entières, mais des élémens des fragmens de sensation. Quelles en sont les conséquences nécessaires?

D'abord, nous sommes dans l'impossibilité de distinguer, de séparer exactement les relations, le moi et l'objet. Nous avons, de plus, la certitude qu'il nous est impossible de connaître autre chose que des sensations; qu'ainsi nous ne pouvons pas les décomposer, en trouver les élémens, les diviser en deux, en trois fractions distinctes.

J'ai montré que non-seulement on n'a pas découvert les élémens de nos sensations, mais encore qu'on ne peut pas espérer d'y parvenir. Comment connaîtrions-nous les prétendues fractions de sensation, si elles n'étaient pas des sensations entières et complètes ? On ne peut rien apprendre ou connaître que par sensation ; il est donc faux qu'on puisse s'instruire par d'autres moyens que ceux dont la nature nous a doués. Ainsi, chercher les élémens de nos sensations, c'est vouloir découvrir ce qu'on ne peut ni saisir, ni connaître, ni même imaginer.

Cette analyse nous est absolument impossible ; quand on parle d'un être connu, on se le représente toujours tel qu'il a paru à notre œil. S'agit-il d'un être connaissant, nous n'en avons pas d'autre idée que celle d'un objet pensé. Enfin, une relation quelconque n'existe pas indépendamment des êtres influens. Ainsi, dans la sensation de *fleur*, l'on croit distinguer le *moi fleur*, l'*objet fleur*, la *relation fleur* ; mais ces trois locutions représentent toujours la même image. Les mots sont changés, mais non pas la chose.

Cette identité, cette analogie évidente, confond l'objet, l'être pensant et la relation ; en vain croyons-nous avoir séparé ces trois choses, en vain cherchons-nous à nous persuader qu'elles n'ont rien de commun ; lorsque nous les examinons isolément, nous nous apercevons que chacun de ces prétendus élémens renferme lui-même les autres élémens de sensation.

L'on se rappelle, en effet, lorsqu'on s'abandonne aux abstractions de l'égoïsme, du naturalisme et des relations, que toute sensation fait volontiers l'office ou d'un objet pensé, ou du moi pensant, ou d'une simple relation, et qu'aucune d'elles ne se refuse à jouer ces divers rôles.

En conséquence, il n'est pas vrai que nous ayons trouvé les élémens de nos sensations.

Rien de plus simple que la sensation, elle est la source, le principe, l'élément et l'instrument de toutes nos connaissances ; nous

ne pourrons jamais la décomposer, parce
que les parties constitutives d'une sensation,
s'il y en a, ne peuvent pas être des sensations, et qu'ainsi elles seraient évidemment
hors de la sphère de notre intelligence,
attendu que nous ne connaissons que par
sensation.

Systèmes à venir.

Nous reste-t-il quelque espoir de trouver
les élemens de nos sensations? Si nos organes
se refusent à nous les montrer, n'avons-nous
pas encore à parcourir le vaste champ des
conjectures, des probabilités, des hypothèses? Par ce moyen, l'on a fait les plus
belles découvertes; l'on a trouvé les lois de
l'attraction, celles du mouvement des astres,
de la pesanteur de l'air; et pourquoi n'en
userions-nous pas en métaphysique?

Si des suppositions nous laissaient entre-
voir quelque espérance de succès, je les
conseillerais non-seulement aux autres, mais
je les tenterais moi-même. Quelques grands
qu'aient été les effets de nos prédécesseurs
dans la même carrière, leurs revers ne doivent pas nous décourager; au contraire, ils
semblent avoir parcouru tous les sentiers de
l'erreur

l'erreur pour ne nous laisser que le chemin
de la vérité. Mais il est un terme que toutes
les hypothèses ne peuvent franchir , quand
elles conservent des prétentions à la réalité ;
c'est lorsqu'il est démontré que nos sens ne
peuvent pas connaître l'objet qu'on cherche
à supposer qu'il existât. Telle est précisé-
ment la question relative aux élémens de
nos sensations. Nous avons reconnu pour
un principe immuable que nous avons des
sensations , rien que des sensations ; et
qu'ainsi la connaissance d'un élément, d'une
fraction , d'une partie de sensation , enfin
d'une chose qui n'est pas sensation , est in-
terdite à l'esprit humain. Il est donc certain
qu'on ne peut faire que des spéculations
chimériques , à l'égard des élémens de nos
sensations, et que tous les systèmes à venir
offriront les bizarreries et les erreurs des
systèmes précédens.

Qu'un écrivain , par exemple , s'abandon-
nant aux caprices de son imagination , vienne
nous dire : je conviens que tout est sensation; mais ne peut-il pas arriver que le moi ,
que les objets pensés , que leurs relations
soient des élémens ? Ne peut-il pas arriver
que chacun de ces élémens soit vraiment

4

séparé dans la nature, quoique dans notre esprit ils paraissent tous confondus ? Un objet ne peut être connu que par le moyen de nos sens, de nos yeux, de nos oreilles; mais il est possible qu'il soit le même, indépendamment de nos organes. L'être pensant peut aussi être distinct et séparé de toute pensée. La relation n'a rien de commun avec les corps qui influent les uns sur les autres. Ces élémens ne paraissent mêlés que parce que la nature de notre connaissance exige que la sensation de l'être pensant nous soit donnée par le moyen d'une pensée et d'une relation ; que la sensation de la pensée et celle des relations, le soient également à l'aide de deux autres principes. Mais, je le répète, le moi connaît les objets extérieurs tels qu'ils sont et sans leur ajouter aucune qualité, aucune forme, aucun caractère. Ainsi, quoique les élémens de nos sensations empruntent le secours les uns des autres pour se produire, se faire connaître, ils n'éprouvent ni changement, ni altération, ils restent ce qu'ils sont.

L'on retrouve dans cette opinion le germe de tous les systèmes que nous avons combattus.

L'on peut supposer l'impossible ; mais aucun être raisonnable ne doit y croire. Un objet ne peut pas être autre chose que ce qu'il est ; une sensation est une sensation, et non point un élément de sensation.

S'il existe des élémens et qu'ils ne puissent nous être connus que comme des sensations entières et complètes, il s'ensuit qu'on ne pourra jamais établir une ligne de démarcation entre ces élémens, car pour les distinguer, les classer, les vérifier, les expérimenter, il faudrait, de toute nécessité, les examiner séparément ; mais puisqu'on est forcé de convenir que cette séparation ne peut pas avoir lieu, n'est-il pas évident qu'elle n'aura jamais aucune certitude pour nous ?

Au surplus, la supposition que nous avons des élémens distincts et indépendans les uns des autres est de toute fausseté.

Où trouver un objet pensé qui ne reçoive point d'influence du moi et de la relation, qui reste toujours le même, quoique le moi et la relation aient changé ? La couleur, le son, les odeurs, les saveurs, la mollesse, la dureté, sont des qualités extérieures. Ces objets pensés seraient inaltérables, s'ils étaient

véritablement des élémens de sensation. Or,
consultons les philosophes sur ce point important. Les empiristes soutiennent que les
objets nous sont livrés tels qu'ils sont dans
la nature. Les égoïstes prétendent, au contraire, que nous ne pouvons sentir ou connaître que ce qui est en nous-mêmes ; qu'ainsi
nous ne connaissons pas les objets extérieurs,
mais seulement les modifications qu'ils font
sur nous. Une troisième secte a critiqué les
précédentes et soutenu, avec autant de facilité, qu'une sensation n'est pas la connaissance des objets, ni du moi, mais d'une relation ; que la couleur est le rapport qui
existe entre deux choses ; que le son n'est
pas une qualité de l'air, ni de notre oreille,
mais l'influence réciproque de ces corps.
Enfin, nous avons observé que toutes nos
sensations se prêtent à ce changement de
caractères ; qu'elles nous paraissent tour-à-
tour objet pensé, être pensant ou relation.
En conséquence, il est exact d'en conclure
qu'il est faux qu'une sensation se divise en
élémens ; que ces élémens sont indépendans
les uns des autres, et qu'ils ne s'altèrent ou
ne se modifient pas réciproquement, malgré
qu'ils aient besoin de leur secours mutuel,

pour devenir des actes de la connaissance humaine.

Cette hypothèse ne consiste que dans les mots ; elle n'a pas la moindre valeur dans l'empire des choses , soit physiques , soit imaginaires. Toute supposition est nécessairement une connaissance , ou la représentation d'une image , d'un fait. Nous venons de nous assurer qu'aucune sensation extérieure , interne , ou de toute autre espèce, ne nous montre pas un élément de sensation ; cette supposition n'a donc rien de positif , rien de sensible pour notre esprit ; toute sa réalité se borne au vain son des lettres qui composent le mot élément.

Nous connaissons , il est vrai , des êtres pensans , des pensées et des relations ; mais ce sont des sensations entières et complètes. S'ils remplissaient le rôle d'élémens , nous pourrions observer comment nos sensations en dérivent , remonter à leur origine , les suivre dans leur progrès , expliquer la formation de la plus simple comme de la plus composée. La stérilité de tous ces principes élémentaires est la preuve certaine de leur fausseté ; et , je le répète , qu'on ne s'imagine pas être un jour plus heureux sur cet

article qu'on ne l'a été par le passé. Une découverte de ce genre exigerait l'impossible ,
qu'on assistât à la génération de nos sensa-
sations , qu'on examinât non pas des sensations , mais les élémens de ces sensations ,
qu'on pût connaître quelque chose , sans
éprouver de sensation.

Principes systématiques de l'essai de M. Locke, sur l'entendement humain.

L'on trouve peu de philosophes qui n'aient
suivi qu'une seule hypothèse ; en général ils
ont confondu toutes les doctrines , et cet
amalgame a été l'un des plus grands obsta-
cles à la découverte de la vérité. Nous allons
présenter pour exemple l'un des ouvrages de
métaphysique les plus estimés.

L'essai philosophique concernant l'entendement humain par M. Locke , est composé
de quatre livres ; dans le premier, cet écrivain traite la question des idées innées , et
montre parfaitement que toutes nos sensations internes, imaginaires, ou de mémoire,
sur les couleurs , les sons , les odeurs , etc.
viennent toujours de quelques sensations
extérieures ; mais ensuite il tombe dans le
naturalisme, en croyant que les objets exté-

rieurs fournissent toutes nos sensations ; que l'être pensant est absolument passif, et se borne à refléter les impressions qu'il reçoit. « On ne peut point assurer qu'une certaine proposition soit dans l'esprit, lorsque l'esprit ne l'a point encore aperçue, et qu'il n'en a découvert aucune idée en lui-même ; car, si l'on peut le dire de quelque proposition en particulier, on pourra soutenir, par la même raison, que toutes les propositions qui seront véritables, et que l'esprit pourra jamais regarder comme telles, sont déjà exprimées dans l'ame ; puisque si l'on peut dire qu'une chose est dans l'ame, quoique l'ame ne l'ait pas encore connue, ce ne peut être qu'à cause qu'elle a la *capacité*, ou la faculté de la connaître, chap. I.er, §. 5. » Si toutes nos sensations viennent des objets extérieurs, et que le moi pensant ait seulement la *capacité* de les connaître, il est certain qu'il ne peut pas y avoir d'idées innées ; mais c'est résoudre la question par la question. Platon, Leybnitz et Kant ne conviennent pas que l'esprit n'ait que la *capacité* de connaître. Ils pensent que l'esprit est au moins de moitié dans la sensation, et que peut-être même sa part contributive est

plus forte que celle des objets extérieurs.
Ainsi, la sensation d'une chose n'est pas la
connaissance pure de ce qu'elle est, indépendamment de nous, mais la combinaison
d'une chose extérieure avec les formes de
l'être pensant. En conséquence, puisque
l'esprit ajoute des qualités, des propriétés à
toutes nos sensations, il existe donc en lui,
non-seulement une *capacité* de connaître,
mais des *formes*, des *qualités*, des *propriétés* qui s'appliquent à toutes nos connaissances. Nous ne les avons pas acquises, elles
viennent de nous ; donc elles sont innées.

Berkelay et le père Mallebranche ont été
bien plus loin : suivant eux, l'esprit tire
toutes ses pensées de son propre fonds ; il
ne peut sentir que ses propres modifications ;
toutes ses sensations, depuis la première jusqu'à la dernière, *ne nous donnent jamais
que la connaissance du moi* : certes il faut
bien reconnaître alors que toutes nos sensations sont innées, puisqu'il n'en existe pas
une seule qui soit acquise.

La question des idées innées ne peut être
décidée en faveur de l'un de ces systèmes,
que lorsqu'elle aura été présentée d'une manière claire et déterminée, lorsqu'on aura

trouvé les élémens de nos sensations, lorsqu'on distinguera parfaitement le moi, l'objet et la relation qui composent chaque sensation ; jusques-là il est évident que les bases
de la question nous manquent ; nous ne
pouvons rien répondre, attendu que nous
ne savons pas ce qu'on nous demande.

Au second livre, M. Locke abandonne le
système du naturalisme et adopte celui des
dualistes. Il établit des principes ; le premier, que l'esprit est entièrement passif
dans l'acquisition de toutes ses idées simples,
comme les couleurs, les sons, les saveurs,
la solidité, le jugement, la volonté, etc. ;
le second, qu'il est actif, qu'il produit de
lui-même les idées complexes de l'espace,
de durée, de nombre, d'infinité, chap. 1.er
et chap. 12. En conséquence, il cherche à
résoudre le même problème que Leybnitz
et Kant, celui de savoir ce que sont les
corps, indépendamment de nos sensations, et
ce que sont les perceptions et les idées de
notre esprit, abstraction faite des corps.

Il n'a pas formellement énoncé cette proposition, mais il n'en a pas moins fait le
sujet de son second livre, puisqu'il se propose de montrer la source, l'origine de nos

sensations, de séparer leurs élémens; enfin, de reconnaître ce qui vient des objets extérieurs, et ce que nous devons à la réflexion active de notre esprit.

Cette distribution est établie sur la supposition que l'on peut couper une sensation en deux, le moi et l'objet; que nous avons la sensation distincte et isolée de chacun de ces élémens, et que leur combinaison nous indique l'origine de nos sensations, et la part qu'ils fournissent pour les composer. Or, nous savons quel succès on doit attendre d'une pareille hypothèse; il faut voir, dans le texte même, la chaîne de subtilités que l'auteur a été forcé de suivre dans l'application de ses principes aux idées de substance, de puissance, d'essence réelle et nominale, de vérité, de fausseté, etc.; l'on peut même observer qu'il s'est contredit plus d'une fois. Par exemple, au livre 2, chap. 3, il n'attribue plus à notre esprit une *passivité*, une *capacité* pure, à l'égard de nos idées simples; il enseigne qu'elles ne viennent pas toutes des objets; que les *premières qualités* des corps, telles que la solidité, la figure, l'étendue, etc, ressemblent à ces qualités hors de nous; mais que les idées produites en nous par les *secondes qualités*, comme *doux*, *bleu*, *chaud*, etc., ne leur ressemblent en aucune manière, et qu'il n'y a rien dans les corps même qui ait de la conformité avec ces idées. Au contraire, dans le livre 3, paragraphe 13, après avoir dit que les espèces ne sont l'ouvrage que de l'entendement, qu'elles n'appartiennent pas à l'essence réelle des choses, il convient cependant que la nature, dans la production des choses, en fait plusieurs de semblables ; que rien n'est plus ordinaire, sur-tout dans les races d'animaux et dans toutes choses qui se perpétuent par semence. C'est ainsi que la force de la raison obligeait sans cesse M. Locke à changer de principes et à les rejeter tour-à-tour.

Le troisième livre concerne les mots. L'auteur y développe, d'une manière plus franche encore, l'hypothèse du dualisme ; l'on y trouve les propositions suivantes : « Ce qu'on appelle général et universel, est un ouvrage de l'entendement. Il y a une essence réelle et une essence nominale, chap. 3, §. 11 et suivans. Les essences de certaines espèces sont non-seulement formées par l'entendement, mais elles sont formées d'une manière purement arbitraire, sans modèle ou rapport à aucune existence réelle, chap. 5. »

Le quatrième livre contient à-peu-près les mêmes principes que les deux précédens. Ainsi, en parlant de nos connaissances, de leur étendue, de leur réalité, de la vérité en général, des propositions universelles, etc. l'on y distingue constamment les impressions ou les idées que l'esprit reçoit, et celles qu'il produit par ses propres forces.

Principes de Condillac.

La doctrine qu'on attribue à cet écrivain me paraît absolument contraire à ses véritables opinions ; aussi ne serait-ce qu'avec une grande méfiance de mon propre jugement, que j'exposerais mon avis, si je n'avais pour appui un professeur distingué, M. de la Romiguières, dont les sentimens sont à-peu-près conformes aux miens, ainsi qu'on peut s'en assurer par la lecture de ses élémens de philosophie.

Je ne parlerai que du traité des sensations de Condillac, attendu que c'est l'ouvrage dans lequel il a le mieux développé ses idées. Ses autres écrits métaphysiques n'en sont, en quelque sorte, que des fragmens ou des conséquences. On peut donc se dispenser de les examiner en particulier.

Si nous prenons le traité des sensations, on ne peut s'empêcher de voir que l'auteur, malgré son antipathie contre les systèmes, en a fait un d'une assez grande subtilité, dans lequel il veut établir l'égoïsme et une espèce de dualisme. Son dessein ne se borne pas à tracer l'histoire de nos sensations, mais à observer la manière dont elles se forment, en commençant par les plus simples, et finissant par les plus composées.

La première partie est intitulée : *Des sens qui par eux-mêmes ne jugent pas des objets extérieurs*. S'il faut l'en croire, les sensations de la vue, de l'ouïe, du goût et de l'odorat, ne nous donnent pas la connaissance des corps; d'où il suivrait que les couleurs, les sons, les odeurs et les saveurs ne sont que les modifications ou les manières d'être du moi pensant. D'abord, qu'entend-il par *objet extérieur* ? S'il pense que c'est un ou plusieurs êtres indépendans de notre manière de sentir, non-seulement il est certain que ces organes sont incapables de lui livrer cette connaissance, mais encore que le toucher, l'analogie et toutes les facultés humaines, sont impuissantes pour découvrir ces élémens de sensation. Au contraire, si, par *objet extérieur*, il veut dire qu'il existe des sensations appelées *corps*, alors il a eu tort de ne pas attribuer la qualité d'extérieure à toutes nos sensations actuelles de la vue, de l'ouïe, du goût, de l'odorat et du toucher. Il est faux qu'avec les sensations de la vue, de l'ouïe, du goût, l'on n'ait que l'idée du moi et de ses manières d'être.

Comment peut-on avoir l'idée du moi, si non par opposition à quelque chose d'extérieur, à quelque chose qui n'est pas le moi? La connaissance de l'un suppose, exige la connaissance de l'autre. Ainsi, l'individu borné à quelques sensations de couleur, de son, de saveur, ignore qu'il est un être, un moi, et qu'il reçoit des modifications, tant qu'il ignore l'existence des corps extérieurs.

Que *signifie le moi*, dont l'auteur gratifie si libéralement sa statue? il nous enseigne, au chapitre 6 de la première partie, que c'est l'expression générique de toutes nos sensations. Raisonnons dans le sens de cette définition : le moi comprend toutes les sensations, les extérieures comme les internes ; les objets extérieurs sont par conséquent une partie du moi, une espèce de nos sensations, et par-là même il est impossible qu'un homme n'ait pas l'idée du moi et des corps en même temps. Les objets extérieurs sont donc aussi des sensations ? Oui, ce sont des sensations particulières, et rien que des sensations.

Passant ensuite à la seconde partie, Condillac change de doctrine et admet deux élémens de sensation, le moi et les objets extérieurs. Tous ses efforts ont pour but de montrer que le toucher seul peut nous donner la connaissance de l'extériorité des corps. La troisième partie est une confirmation des deux premières. L'on y cherche à expliquer de quelle manière le toucher apprend aux autres sens à juger des objets extérieurs. Enfin, la quatrième partie n'est que le développement des précédentes.

Dans cet ouvrage, on trouve, en plusieurs endroits, le germe, des *relations* et du *trialisme*. On lit au chapitre 4 de la première partie : « La notion de la durée est donc toute *relative*; chacun n'en juge que par la succession de ses idées, et vraisemblablement il n'y a pas deux hommes qui, dans un temps donné, comptent un égal nombre d'instans; car il y a lieu de présumer qu'il n'y en a pas deux dont la mémoire retrace

toujours les idées avec la même rapidité. »
Au chap. 3 de la 4.e partie, il répète ce raisonnement sur les idées du bon et du beau.
Il est vrai que Condillac ne regarde comme
relatifs que nos jugemens. Mais quelle idée
se formait-il de nos jugemens ? « Dès qu'il
y a comparaison, il y a jugement. Un jugement n'est donc que la perception d'un rapport entre deux idées que l'on compare, »
première partie, chap. 2, §. 15. Mais il
enseigne dans son art de penser, première
partie, chap. 2, n.° 4, qu'il y a trois choses
à distinguer dans nos sensations, 1.° la perception que nous éprouvons ; 2.° le *rapport*
que nous en faisons à quelque chose hors de
nous ; 3.° le jugement que ce que nous rap-
portons aux choses leur convient en effet ;
ainsi toute sensation contient un *rapport* ou
une *relation*.

« Puisque les qualités absolues des corps
sont hors de la portée de nos sens, et que
nous n'en pouvons connaître que des qualités relatives, il s'en suit que tout fait que
nous découvrons, n'est autre chose qu'un
rapport connu. Cependant, dire que les
corps ont des qualités relatives, c'est dire
qu'ils sont quelque chose les uns par rapport
aux

aux autres , et dire qu'ils sont quelque chose , les uns par rapport aux autres , c'est dire qu'ils sont chacun , indépendamment de tout rapport , quelque chose d'absolu. » Logique de Condillac, chapitre dernier.

Ce qui nous étonne le plus , c'est de voir Condillac lui-même élever les doutes les plus graves sur les principes de sa doctrine , sur le moi et les objets extérieurs. Au chap. 4, §. 5, de la première partie , il assure que sa statue , quoique douée du toucher , n'aperçoit pas les corps en eux-mêmes , et qu'elle ne connaît que ses propres sensations. Plus loin , il ajoute : « Mais quelle que soit la multitude des objets que la statue du toucher découvre , quelque combinaison qu'elle en fasse , elle ne s'élèvera jamais aux notions abstraites d'être , de substance , d'essence , de nature , etc. Ces sortes de fantômes ne sont palpables qu'au tact des philosophes. » Chap. 6 , §. 21.

« Cependant , si je connais imparfaitement les objets extérieurs , je ne me connais pas mieux moi-même. . . . . Ce *moi* qui prend de la couleur à mes yeux , de la solidité sous mes mains , se connaît-il mieux pour regarder aujourd'hui comme à lui toutes les partiés de ce corps , dans lesquelles je crois exister ? Je me vois, je me touche ; en un mot , je me sens ; mais je ne sens pas ce que je suis , et si j'ai cru être son , saveur, couleur, odeur , actuellement je ne sais plus ce que je dois me croire. » 4.e partie , chap. 8 , §. 6.

Telles étaient les questions préliminaires dont il fallait trouver la solution, au lieu de les franchir. Cependant, il faut rendre cette justice à Condillac , qu'il n'a pas cessé de crier contre les abstractions des métaphysiciens , et qu'il avait le sentiment de la fausseté de leurs systèmes ; il s'est involontairement jeté dans les mêmes sentiers , parce qu'il n'avait pas sondé les véritables causes de leurs erreurs , parce qu'il ignorait cette belle et importante vérité , qu'il n'y a point d'élémens de sensation; qu'un élément nommé substance, corps, moi ou relation, cesserait d'être un élément , s'il nous était connu , puisque nous ne connaissons que des sensations.

Hypothèses philosophiques sur la manière dont s'opèrent nos sensations.

Nous avons reconnu que nos sensations

sont indivisibles, en ce sens qu'il est impossible d'en trouver les élémens. Ainsi, nous sommes certains que nous ne saurons jamais comment et par quels moyens se forment nos sensations, puisque nous ignorons même si elles ont des principes constitutifs; toute recherche qui se propose ce but, est nécessairement absurde et vaine. Nous allons montrer que les physiologistes se sont égarés dans les mêmes sentiers que les métaphysiciens. Cependant, ils n'ont pas été aussi adroits en subtilités. Toutes leurs doctrines se réduisent à deux points de vue principaux, suivant qu'ils ont été guidés par les principes du naturalisme ou de l'égoïsme.

Du Naturalisme.

DANS ce système, il n'est pas difficile d'assigner aux nerfs le rôle qu'ils doivent jouer; aucune question grave ne porte sur eux. Chargés de l'unique fonction de connaître les objets tels qu'ils sont en eux-mêmes, ils sont absolument passifs, et alors peu importe que la sensation soit réfléchie ou par l'extrémité d'un nerf, ou par le cerveau; on accorde volontiers à toute portion nerveuse la propriété qu'on rencontre dans une glace ou

miroir , ou une eau limpide, celle de représenter le monde extérieur.

Mais il reste à prouver que le type, le
fonds de toutes nos sensations , existe hors
de nous. Raisonnons un instant dans le sens
de cette opinion.

Si aucun objet ne frappait nos yeux, nos
oreilles, nous ne connaîtrions ni les couleurs , ni les sons. Les êtres hors de nous
sont donc le fondement indispensable de
nos sensations. A cette première vérité, il
faut en ajouter une seconde, c'est que nos
sens connaissent les êtres extérieurs, et n'ont
pas la faculté de se voir eux-mêmes ; ainsi ,
quand ils reçoivent des sensations, nos yeux
ne se voient pas, les nerfs optiques né s'entendent pas. Nous ne parvenons à connaître
nos organes que lorsqu'ils sont eux-mêmes
l'objet de nos sensations, lorsque nous les
considérons comme des êtres hors de nous.

Il est donc vrai que les sensations ne sont
pas des impressions reçues , mais la connaissance des objets extérieurs.

Les partisans de l'égoïsme enseignent que
les rayons visuels se peignent sur notre ré-
tine d'une manière opposée ; que dans nous,
ils sont à droite , quand au dehors, ils sont

à gauche. Nous pensons , au contraire , que notre œil voit chaque chose , suivant l'ordre extérieur , et que nous ne sommes point obligés de redresser notre manière de voir ; l'œil ne sent pas les choses en lui-même , il les voit hors de lui ; en conséquence il n'existe plus de renversement.

Nous convenons que les rayons visuels se croisent et renversent les objets , lorsqu'ils arrivent à l'œil ; mais ils font le contraire , quand ils partent de l'œil et retournent vers les objets. Alors ils se recroisent et rétablissent l'ordre extérieur. Nous connaissons les objets , non de la manière dont ils s'appliquent sur nous , mais suivant l'application de nous sur eux.

Il en est de même du toucher. Appliquons une feuille de papier blanc contre une tête dessinée au crayon ; si nous les plongeons dans l'eau , et qu'ensuite nous les séparions , nous verrons deux têtes qui auront le nez tourné différemment.

L'impression des objets sur notre main serait donc opposée à la place réelle des objets ; mais comme notre sensation est l'application des sens à l'objet , elle ne change rien à la position réelle des choses. Avons-nous jamais redressé les sensations de nos mains ? Avons-nous jamais cru à droite ce qui est à gauche ?

Nos sens sont également propres à nous livrer des sensations composées. Pour connaître qu'une sensation composée existe réellement hors de nous, il faut la voir, la toucher, la sentir extérieurement, sans cela elle ne peut pas être extérieure. Or, n'est-il pas constant que l'œil peut voir un arbre, une plaine, une ville, une course de chevaux ? Donc la sensation réelle, que nous appelons composée, est telle qu'elle nous le paraît, et ce n'est pas à nos sens qu'elle doit l'ordre de ses parties.

Nos sensations hypothétiques et internes, n'ont pas une autre origine ; elles ne sont que la répétition, la continuation, la copie de nos sensations expérimentales extérieures. Cette proposition a paru si évidente, qu'on en a fait le célèbre adage : *il n'y a rien dans l'entendement qui n'ait passé par le canal des sens.*

La fausseté de cette hypothèse vient de ce qu'on regarde les *objets pensés*, comme des élémens de sensation.

Que faudrait-il pour observer comment se

forment nos sensations ? La condition indispensable serait de se placer dans une si-
tuation , où l'on pourrait connaître des choses qui ne seraient pas encore des sensations ,
mais qui serviraient ensuite à les produire ;
or , les *objets pensés* ne nous rendent jamais
ce service , attendu qu'ils sont des sensations , et non pas des élémens de sensation.

En conséquence , les couleurs , les sons ,
les saveurs , ne sont pas exclusivement des
objets extérieurs , puisqu'elles n'existeraient
pas sans le secours d'un être pensant , puisque nous avons des raisons d'une égale force ,
pour penser qu'elles sont des modifications
du moi, des relations , ou des composés de
ces divers principes ; mais leur unique , leur
véritable qualité, c'est d'être des sensations
indivisibles , indécomposables.

De l'Egoïsme.

Lorsqu'on envisage nos sensations comme
de simples modifications de nos organes, les
objets extérieurs deviennent à-peu-près nuls ;
c'est sur les sens que roulent toutes les fonctions de la sensibilité, et voici la manière
dont on prétend qu'ils s'en acquittent.

Les extrémités nerveuses ont la faculté de

recevoir les impressions extérieures. Le nerf optique nous instruit sur les couleurs, l'auditif sur les sons, etc.

Le cerveau rassemble les sensations éparses de la vue, de l'ouïe, du goût et par leur réunion a la facilité de les comparer, de les combiner, enfin, de former des sensations composées, générales, expérimentales et hypothétiques.

Pourquoi un objet simple en lui-même ne nous paraît-il pas double, quoique la sensation soit éprouvée par chacun de nos yeux ? Parce que les nerfs optiques des yeux se réunissent au cerveau. C'est encore de cette manière que nous savons qu'un objet vu est le même que celui qu'on touche et qu'on odore.

Ce raisonnement tombe devant l'observation, que si les nerfs ne connaissaient que leurs propres modifications, ils seraient absolument incapables de nous donner des sensations extérieures, car il faut indispensablement voir hors de nous, pour juger qu'un objet et ses rapports d'ordre, de tems, de mouvement, de nombre, sont réellement extérieurs.

Quand on suppose les extrémités des nerfs,

ou le cerveau, bornés à leurs manières
d'être, ils peuvent faire dans eux toutes les
combinaisons possibles ; mais ils ne sauront
jamais si ces combinaisons ont quelque analogie avec l'état des choses extérieures : tous
leurs travaux seraient purement hypothétiques. Aujourd'hui nous unissons la tige d'une
fleur, ses feuilles, son calice, d'une façon ;
demain nous les arrangeons différemment.
Quel moyen aurons-nous pour nous assurer
si ces distributions sont vraies hors de nous ?
Aucun. Nous faisons cependant la différence
d'une combinaison expérimentale, d'avec
une combinaison hypothétique.

Les corps extérieurs seuls peuvent montrer leur extériorité. Nous voyons un cheval
s'élancer dans la plaine ; à qui devons-nous
la connaissance de son mouvement ?

Il est de fait que nous distinguons si le
mouvement de ce cheval est imaginaire ou
réel ; mais puisque nous connaissons un
mouvement extérieur, ce mouvement n'est
donc pas une simple manière d'être de nous-
mêmes, une vue de notre esprit; il y a là
quelque chose d'extérieur. Le corps qui
se meut, l'espace qu'il parcourt, son passage,
tout porte le caractère de l'extériorité.

On a dit que la nature n'a que des individus, que les sensations composées et générales n'existent que dans notre entendement.

Mais il n'est pas difficile de montrer que
les individus les plus simples sont composés
d'autres individus ; qu'une *rose* comprend
une *tige*, des *épines*, des *feuilles*, etc.
Quel est l'être qui ne peut pas devenir une
sensation composée ? Tout être simple en
est susceptible. Ainsi, nos sens de la vue,
de l'ouïe, du goût, de l'odorat et du toucher, ne nous donnent aucune instruction,
puisque tout ce qui est composé se trouve
hors des limites de leur empire.

En second lieu, si les sensations composées et générales ne sont que des mots, pourquoi reconnaissons-nous que les unes sont
vraies hors de nous, et que les autres sont
imaginaires ? Dira-t-on que nous ne voyons
pas l'ordre et l'arrangement de toutes les
parties du corps humain ? Dira-t-on qu'il
n'existe pas des êtres appelés *hommes*, *fem-
mes*, *arbres*, etc.

Locke insiste ; il prétend que nos sensations expérimentales, quoiqu'internes, sont
conformes à l'essence, aux qualités et aux

relations extérieures des corps. Vaine subtilité qui ne fait que changer les termes de la question, en appelant *essence*, *nature intime*, ce que tout le monde nomme corps extérieurs; n'est-il pas évident que, dans cette supposition même, il est toujours indispensable de connaître à l'extérieur des essences et leurs qualités intrinsèques, si nous voulons juger de leur ressemblance extérieure avec nos propres manières d'être.

Cessons d'inutiles débats. Les systèmes de l'égoïsme et du naturalisme sont également fondés sur la supposition mensongère que nos *organes* et les *corps* sont des élémens de sensation.

Nous avons des sensations extérieures, internes, individuelles, particulières, générales, etc.; mais les unes comme les autres sont des sensations indivisibles; elles ne peuvent donc pas être des qualités ou des propriétés des nerfs, indépendantes des corps, ni réciproquement être un objet pensé, abstraction faite de nos organes.

Il n'est pas en notre puissance de connaître s'il existe des fractions, des morceaux, des élémens de sensation, d'observer la part de sensation que les *objets* fournissent à nos sensations de couleur, de son, d'odeur, de saveur, de tact, avant d'avoir rien vu, entendu, odoré, goûté, ou touché; et de noter également les principes de sensation qu'il y a dans les nerfs, avant qu'il y ait eu sensation.

Du Dualisme, des Relations et du Trialisme.

LES physiologistes, bornés à l'étude des faits, n'ont pas porté plus loin leurs abstractions ; c'est le propre des sciences physiques, de ne pas laisser une aussi vaste carrière aux spéculations. Cependant quelque bizarres et frivoles que paraissent les hypothèses, elles ont leur mérite, car, sans elles, nous serions souvent incapables de pénétrer le secret de la plupart de nos erreurs.

Les systèmes *du dualisme, des relations et du trialisme* n'offrent aucune base, aucun fondement solide à des gens qui ne travaillent que sur des objets matériels. Quelle serait, en effet, dans nos sensations, la fonction distincte des organes et des objets, la part contributive de nos *relations ?*

Lorsqu'on veut réaliser cette séparation,

distinguer les élémens d'une sensation, les connaître en particulier, enfin les combiner, on s'aperçoit que la nature des choses résiste à cette division, et qu'ainsi nous ne raisonnons plus que sur des mots, et non pas sur des faits ou des pensées réelles.

La présence du corps humain, sujet unique de la physiologie, a sans cesse repoussé toutes les doctrines qui tendent à nous faire douter de l'existence des corps, et à détruire, par mille subtilités, la force et la clarté de nos sensations.

Sensations extérieures et internes.

LORSQUE nous voyons une *table*, un *livre*, nous pouvons observer que ces objets sont placés hors de nous, et à cause de cette circonstance, nous donnons à ces sensations la qualification d'extérieures.

Les sensations *extérieures* comprennent celles des couleurs, des sons, des odeurs, des saveurs et du tact; elles sont connues, dans l'usage, sous le nom d'*objets*, *corps*, *chose*, *matière*, *nature*, *univers*.

A l'opposé, les *internes* n'ont lieu qu'en nous-mêmes, comme les souvenirs, les hypothèses et la plupart des abstractions; on les nomme encore *moi pensant*, *esprit*.

Toute sensation extérieure est une sensation complète ; il en est de même de nos
sensations internes.

Ignorant cette vérité, les sectateurs du
dualisme ont supposé que la *nature* n'est pas
le terme spécifique de nos sensations extérieures, et le *moi* celui de nos sensations
internes. En conséquence, ils se sont imaginé
qu'il existe un *moi pensant* et une *chose
pensée*, qui sont les élémens de toutes nos
sensations.

Cette erreur est palpable ; si toute sensation est composée d'un objet pensé et d'un
moi pensant, nous retrouverons ces deux
élémens dans nos sensations extérieures et
internes. Prenons pour exemples *chapeau*,
livre, *douleur*, *plaisir*. Les sensations de
chapeau et de livre exigent, 1.° un objet ;
2.° des organes pour sentir et connaître. Celles de *douleur* et de *plaisir* se composent
également d'une chose pensée sur laquelle
notre esprit travaille, et en outre de l'être
pensant qui les perçoit.

Si cette décomposition est juste, la sensation extérieure et la sensation interne sont
également formées de deux élémens d'un
objet pensé et d'un moi pensant ; mais alors

l'objet pensé d'une sensation interne, comme d'une sensation extérieure, est distinct du moi pensant et se trouve hors de lui. Le *moi pensant* est le même dans les sensations de l'intérieur et de l'extérieur ; donc toutes nos sensations ne sont pas plus internés qu'extérieures, puisqu'elles renferment toutes un *objet pensé*, et que cet *objet pensé* est la seule chose qui soit *hors* du moi pensant. cette conséquence est inévitable.

Passons sur cette difficulté et tâchons de diviser une sensation en *moi pensant* et en *objet pensé*. Exemples : *chapeau*, *livre*, *douleur*, *plaisir*. Quels sont les *objets pensés* ? *Chapeau*, *livre*, *douleur*, *plaisir*. Quel est le rôle du *moi pensant* ? Il ne se voit pas ; il ne se connaît que par les modifications qu'il éprouve en lui-même. Quelles sont ses modifications ? *Chapeau*, *livre*, *douleur*, *plaisir*.

A moins que je ne m'abuse, *chapeau*, *livre*, *douleur*, *plaisir*, nous présentent la même image, qu'ils soient des objets pensés ou des modifications du moi pensant ; il est donc faux que nous ayons séparé les élémens de nos sensations, puisqu'elles restent aussi entières après l'opération qu'elles l'étaient auparavant.

Cette analyse nous prouve, au contraire, que la décomposition d'une sensation quelconque, nous donne toujours pour fractions des sensations complètes. Ainsi, nous sommes naturellement ramenés à cette vérité de fait, que l'*objet* est un terme générique qui comprend toutes nos sensations extérieures, et le *moi* nos sensations internes.

La séparation, qu'on s'imaginait avoir faite, est absolument chimérique, car il est impossible de trouver des objets pensés ou des êtres pensans, qui ne soient que des élémens de sensation. Nous ne connaissons que des sensations ; ce qui n'est pas sensation, n'est rien pour nous.

Quelle est la différence des sensations extérieures et internes?

LORSQU'ON cherche à comparer ces deux espèces de sensations, l'on s'aperçoit qu'elles ont entr'elles de grandes ressemblances par leurs images, leurs formes et leurs couleurs. Ainsi, un tableau et le souvenir de ce tableau, offrent une foule de points analogues ; mais quelle que soit d'ailleurs leur identité, ils diffèrent toujours par les abstractions d'extériorité et d'intériorité. Le

Le souvenir d'un tableau n'est pas la copie d'un objet extérieur *pensé*, tel qu'il existe dans la nature , avant d'être connu de l'homme ; c'est la représentation d'une sensation entière , appelée *objet extérieur* ; ce qui est bien différent, si l'on a pris la peine de nous comprendre.

Lorsqu'on voit un tableau , il y a sensation , et l'on n'a pas plus raison de dire qu'il est indépendant de notre vue , que d'assurer qu'il est, ou une manière d'être de nos yeux, ou une relation d'un objet à un autre ; son extériorité n'empêche pas de l'envisager sous tous ces points de vue , lorsqu'on croit pouvoir diviser nos sensations en élémens. Mais puisque toutes ces décompositions sont impossibles , nous avons raison d'affirmer que des sensations internes peuvent être l'image de sensations extérieures , mais jamais d'un objet *purement pensé.*

On nous demandera peut-être pourquoi des sensations sont extérieures et les autres internes ? Nous répondons que cette question est insoluble ; que pour découvrir les causes secrètes de ces phénomènes , il faudrait découper nos sensations, de manière à trouver les principes élémentaires de cha-

cune d'elles ; alors on verrait immédiatement les sources de leur différence ou de
leur analogie. Cette opération , comme on
sait , est au-dessus de l'intelligence humaine ; nous sommes donc certains que ce
problème ne sera jamais résolu ; que tous
les raisonnemens possibles se réduiront toujours à dire qu'une sensation est extérieure ,
parce qu'elle est extérieure ; ou , ce qui re-
vient au même , parce qu'elle est contraire
aux sensations internes ; parce qu'elle comprend les sensations de la vue , de l'ouïe , du
goût , etc.

Cette observation importante et vraie ,
s'étend à toutes les questions de cette espèce ,
ainsi qu'on peut s'en assurer par de nouveaux
exemples. Pourquoi les couleurs , les sons ,
les odeurs , les saveurs , sont-elles des sensations distinctes ? Nous n'avons de connaissances qu'autant que nous avons de sensations ; il est donc hors de doute que toutes
les particularités que nous pourrons remarquer entr'elles , sortiront toujours du fait de
nos sensations ; en sorte que si nous nous
abandonnions à la fantaisie de donner une
explication quelconque , nous roulerions per-
pétuellement dans ce cercle vicieux : que

ces sensations diffèrent , parce qu'elles ont des différences.

Il est également absurde de chercher à expliquer pourquoi nos sensations sont vraies ou fausses , d'une vérité absolue ou accidentelle. Nous n'avons pas d'autre preuve de l'existence de ces sensations , de leur convenance, ou de leur disconvenance , que ces sensations elles-mêmes ; ce qui , je le répète , se borne à l'affirmation puérile qu'une chose est, parce qu'elle est.

Sensations volontaires et involontaires.

Il y a des sensations que nous éprouvons malgré nous, et qu'on appelle ordinairement *involontaires , forcées, nécessaires , fatales , passives.* A l'opposé , d'autres sensations dépendent de notre fantaisie ; nous sommes les maîtres de les avoir , ou de les faire cesser ; on les nomme *volontaires , libres , facultatives , actives* (1).

Il est important d'observer qu'un même individu est considéré , tantôt comme un agent actif, tantôt comme un être passif,

_____

(1) La liberté de penser n'est qu'une volonté particulière ; l'on a fait de vains efforts pour nier l'analogie de ces abstractions.

suivant les circonstances. Par exemple , je
suis libre , lorsque j'ai l'intention d'aller à la
campagne , et que j'y vais. Je ne le suis
plus , si j'y vais par force et contre mon
gré. Ces deux qualités , quoique contraires ,
appartiennent donc aux êtres sensibles ; elles
sont également vraies , et rien ne peut en
altérer la réalité. Il y a plus , l'une suppose
l'autre; elles ne peuvent exister qu'en même
temps. En effet , pour connaître si une sensation est volontaire , il faut la distinguer
d'une sensation qui ne le soit pas. Nous n'aurions jamais remarqué notre volonté, si nous
n'avions eu que des sensations volontaires.

Concluons que l'homme a tout-à-la-fois
des sensations volontaires et des sensations
involontaires. Ainsi se trouvent résolues les
questions absurdes sur la liberté et la nécessité des pensées et des actions humaines. Il
est vrai que nous en avons d'actives ; mais
il est également vrai que nous en avons de
passives ; la nécessité ne peut pas comprendre celles qui sont libres ; de même que la
volonté ne peut pas comprendre celles qui
sont nécessaires.

L'un des problèmes singuliers qu'on a faits
sur cette matière , est celui de savoir si la

volonté est libre. Certes, il valait autant demander si la volonté était volontaire, si la liberté était libre, si la nécessité était nécessaire ; je ne crois pas qu'on puisse entendre cette proposition dans un autre sens. La volonté est l'expression générale qui renferme toutes les volontés particulières. La liberté de nos sensations embrasse également toutes les volontés, toutes les libertés particulières. Ainsi, nous avons raison de dire que le problème est absurde, et qu'il se réduit à savoir si une chose est ce qu'elle est, si une volonté est une volonté.

Dans cette matière, comme dans les autres, les philosophes se sont livrés à leurs fausses opinions sur les élémens de nos sensations, et en ont adopté les conséquences.

Fatalisme dérivé du naturalisme.

Un premier point de vue consiste à regarder les êtres hors de nous, comme la cause de nos volontés. Sans objets extérieurs, nous n'aurions point de sensations, point d'idées, point de volontés, donc les objets extérieurs sont la cause de nos volontés. En conséquence, tant que nous plaçons hors de nous la cause de nos déterminations, nos volontés ne sont plus que les effets inévitables et forcés de ces causes. Tel est le fondement du fatalisme.

Les sensations qui excitent notre affection, nous mettent en branle, sans que nous sachions d'abord pourquoi. Ainsi, dès le berceau, nous fuyons l'aiguillon du mal, et nous embrassons le plaisir; en sorte que nous agissons déjà par intérêt, avant même de nous douter de l'utilité que nous devons en retirer.

L'homme est-il plus libre, quand il sait ce qu'il va faire ? Travaille-t-on pour sa nourriture, ou pour les richesses, ou pour la gloire ? Dans ces circonstances, nous voyons les causes, les motifs de ces actions; ainsi leur résultat est nécessaire, et non pas libre. La connaissance du but que je dois atteindre, loin d'atténuer ma volonté, la rend plus ferme et plus durable.

Notre tête est-elle meublée d'observations, d'expériences ? Alors on a plusieurs partis à prendre. On ne se décide pas tout-à-coup; quelquefois même on se jette dans une irrésolution continuelle; mais c'est toujours notre intérêt qui nous guide, qui nous fait suspendre notre jugement, ou qui nous fait prononcer sur le choix.

Cette nécessité que l'on rencontre dans tous nos penchans, doit nous faire conclure que toutes nos pensées, nos volontés sont inévitables. Lorsque nous présageons une éclipse de lune, nous sommes sûrs de notre fait, parce que nous connaissons toutes les circonstances qui doivent amener cet évènement. Qu'un géomètre parvienne à calculer les mouvemens de deux dés qu'on lance d'un cornet, son résultat sera également certain. Supposons maintenant qu'un homme connaisse les forces intérieures de son corps et les impressions qu'il doit recevoir, il est évident que ses pensées à venir lui seraient connues d'avance. C'est donc par ignorance que nous considérons des choses comme possibles, nous ne les jugeons telles que parce que nous ne pouvons pas prévoir ce qui nous déterminera.

Changeons-nous de pensées, c'est notre intérêt qui le veut. Notre volonté ne peut pas nous faire varier sur notre intérêt. Avec lui, nous sommes assurés de ne pas haïr ce qui nous paraît aimable et utile, de ne pas aimer ce qui nous déplait. Ainsi, ce n'est pas librement et sans motifs que l'homme peut appliquer son esprit, tantôt à une chose, tantôt à une autre.

On ne peut pas mieux dire que la faculté de nous arrêter sur un sujet soit la preuve du libre arbitre. Nous répondrions que lorsque nous fixons notre attention , sans nous en douter, nous obéissons à des forces inconnues, et que lorsque nous le faisons avec dessein , nous sommes les esclaves de notre intérêt.

Dans cette exposition, l'on reconnaît que nos volontés ont toujours une cause extérieure et indépendante du moi pensant. En conséquence, elles ne sont plus pour nous que des résultats forcés. Un objet excite une volonté, de la même manière qu'un corps en pousse un autre.

Du libre arbitre dérivé de l'égoïsme.

LE second point de vue fait pendant au premier ; l'on y regarde l'être pensant comme la cause et le créateur de toutes nos volontés.

L'on arrive facilement à cette considération. Les volontés qui sont produites en l'absence des objets extérieurs ; celles de la prudence et de la réflexion , si souvent contraires à l'inspiration des objets présens, font disparaître l'importance des impressions extérieures , en donnent une plus grande au moi pensant, et nous portent naturellement à croire que les impressions extérieures ne sont plus que des accessoires de la volonté, que des matériaux sur lesquels notre esprit travaille , tandis que le moi pensant est le seul qui pense , qui sent , qui juge , veut , met tout en ordre. Quand il s'agit de faire une construction, ne sait-on pas que c'est l'architecte qui combine , arrange le plan de l'ouvrage ; que la pierre, la chaux, le mortier, obéissent à sa volonté. Or , il en est de même de nos pensées ; le moi pensant est l'architecte , et les impressions du dehors sont les matériaux qu'il emploie.

Cet être pensant, ainsi que nous le savons, est immatériel et sans bornes ; il est indépendant ; il peut, à son gré, franchir toutes les limites du temps et de l'espace. Quelles sont donc les chaînes qu'on prétend donner à ses actions ? Dès que l'agent est libre, ses actions sont libres comme lui; ses sensations , ses idées , ses volontés jouissent de la même indépendance.

Nous convenons que les objets extérieurs et la disposition de nos organes , excitent plus ou moins nos volontés. La faim , la

soif, l'amour deviennent, à chaque instant,
des besoins, des désirs, des volontés ; mais
en faut-il conclure que nous sommes forcés
de suivre leurs inspirations ?

La nature a rendu nos volontés plus ou
moins vives, afin de garantir notre existence, afin de régler nos actions, suivant
l'urgence de nos besoins ; mais elle n'a pas
donné le caractère de forcée à une volonté
quelconque, ce qui nous aurait, en effet,
privé de la faculté de préférer un intérêt à
venir, à un intérêt présent.

Quelque puissans que soient les motifs
des actions humaines, on trouve mille
exemples de personnes qui ont dompté,
non-seulement des passions factices, mais
des besoins physiques. Combien d'individus
qui sont morts volontairement de faim ?
Combien d'autres se sont suicidés de sang
froid ? Enfin, ne voit-on pas tous les jours
des guerriers, sur les champs de bataille,
braver et supporter la douleur d'un œil tranquille ?

Où donc est la nécessité de nos volontés, de nos actions ? Interrogeons notre
conscience ; elle nous apprend que nous
sommes libres de choisir entre deux volon-

tés ; que nous pouvons changer nos déterminations, ou arrêter notre attention sur
un objet, plutôt que sur un autre.

Opinion tirée du Dualisme.

Un troisième point de vue se forme des
deux précédens ; si nous observons que nos
volontés sont occasionnées, ou par des
objets extérieurs, ou par le moi pensant ;
que ce sont deux causes de nos volontés,
et que chacune d'elles a son empire distinct
et séparé.

Un homme excité par une passion quelconque, a la facilité de se satisfaire aux dé-
pens d'autrui ; il sent que le besoin le pousse
au crime, tandis que sa raison lui fait aper-
cevoir l'injustice de son action. Rien n'est
plus propre à nous montrer la présence de
la fatalité et du libre arbitre dans nos volontés, que ces combats intérieurs de la conscience. Nous doutons alors si notre volonté
est libre, si elle n'est pas l'esclave de nos
passions ; tantôt nous reconnaissons le pouvoir des objets, tantôt celui de l'esprit.

Cette manière d'envisager nos volontés,
a fait croire que nous avions en nous deux
ames, l'une sensuelle et l'autre raisonna-

ble ; que la première est soumise à l'action
des impressions extérieures et tyrannise notre
volonté ; que la seconde est indépendante
des êtres connus, et qu'elle produit les actes
de volonté que bon lui semble.

Opinion dérivée des Relations.

Écoutons un partisan de ce système. Il
reste un quatrième point de vue, qui paraît
être le seul vrai ; par son moyen, l'on évite
les conséquences erronées des autres, et
l'on explique assez bien le problème qu'il
s'agit de résoudre.

La volonté n'est plus ici l'effet ni d'un être
connu, ni d'un être connaissant ; c'est une
relation, c'est-à-dire, l'influence particulière
d'antipathie ou de sympathie qui existe
entr'eux. Ainsi la volonté n'est pas le résultat d'une impression extérieure comme le
prétendent les empiristes, puisqu'il faut
encore un être pensant. Les sectateurs de
l'égoïsme n'ont pas mieux raison de soutenir
que la volonté est un acte libre de l'esprit,
car il n'y a pas de volonté sans contact avec
un être connu. Les dualistes ont également
tort de penser que les impressions étrangè-
res et le moi pensant sont les deux princi-

pes , les deux causes de nos volontés, et que parmi nos volontés, les unes sont les qualités mêmes des objets pensés , et les autres de simples modifications de l'être pensant.

En un mot , la volonté suit les lois de toutes nos pensées ; c'est une relation et rien autre. En conséquence, elle n'est pas une qualité des objets extérieurs, ni du moi pensant, ni de tous les deux , mais un rapport occasionnel de l'un à l'autre. Elle résulte de leur action, de leur influence réciproque ; mais elle n'en fait pas partie. Quand je compare la taille de deux hommes, il est certain que leur hauteur n'est pas une portion de leur corps ; c'est une relation qui existe entr'eux et qui dépend de tous les deux.

La liberté et la fatalité ne sont également que des relations. En conséquence, puisque la volonté n'est pas un acte, une qualité, une propriété du moi, mais qu'au contraire, elle en est entièrement indépendante , il faut en conclure que le moi ne jouit point du libre arbitre, et qu'il n'est pas non plus soumis aux destins irrévocables de la fatalité.

Opinion émanée du Trialisme.

LE trialisme nous enseigne qu'une sensation exige le concours de trois choses, d'un objet pensé, du moi pensant et d'une relation ; qu'ainsi la volonté n'est pas simplement une qualité des corps, une modification de nous-mêmes, ou une relation, mais qu'elle se compose de la réunion de ces trois élémens.

Ou la volonté est toute entière dans chacun d'eux, ou elle ne s'y trouve qu'en fragmens. Suivant la première de ces suppositions, nous avons des volontés du moi, des volontés d'objets et des volontés de relations. Celles du moi sont libres comme l'être pensant ; celles des objets sont nécessaires, puisqu'elles viennent d'une cause excitante qui n'est pas dans nous ; celles des relations ne sont ni libres, ni nécessaires, attendu qu'elles ne font partie, ni des objets pensés, ni de l'être pensant.

On peut d'autant moins s'arrêter à cette hypothèse, que nous sommes certains de retrouver les trois espèces de volontés dans l'une de celles que nous nous imaginons avoir parfaitement distinguées et isolées. Il n'y a pas de volonté qu'on ne puisse attribuer, tantôt au moi, tantôt aux objets, tantôt aux relations; car on se rappelle que tous ces mots ont une signification commune; que la plus parfaite analogie existe entre nos sensations et leurs prétendus élemens.

Mais au lieu de regarder la volonté comme une expression générale, qui embrasse les trois sortes de volontés particulières que nous venons de nommer, ne peut - on pas dire qu'une volonté de quelque nature qu'elle soit, contient trois élémens distincts et isolés, un moi pensant, un objet pensé et une relation ?

Cette proposition reproduit, en d'autres termes, la même difficulté. En effet, qu'on divise une volonté en autant de parties que la subtilité humaine peut le permettre, nous avons démontré d'avance, et tout lecteur attentif doit en avoir la conviction, que chaque morceau est absolument identique aux objets pensés, au moi pensant et à leurs relations; qu'ainsi cette opération est inutile, puisque son résultat est contraire à celui qu'on s'en était promis.

L'on sent et l'on voit d'où procède la fausseté de ces doctrines. L'on a été entraîné par la croyance que les objets, le moi et les relations sont autant d'élémens de sensation.

Il faut donc nous borner à dire que nos volontés sont des sensations indécomposables; que nous en avons de libres, et que nous en avons également de nécessaires. Le circuit que nous avons fait pour revenir à des sentimens aussi populaires, a été un peu long; mais il était indispensable pour écarter les objections des philosophes.

Tableau universel des définitions générales de nos sensations, d'après les différens systèmes de métaphysique.

Qu'est-ce que le temps, l'espace, le mouvement, la cause, la force, la substance, la qualité, les faits, les abstractions, l'attention, la comparaison, la réflexion, le jugement, l'imagination, le raisonnement, les passions, le plaisir, la douleur, le souvenir, etc. ?

Naturalisme. — Le temps, l'espace, le mouvement, etc. existent dans la nature, tels que nous les connaissons ; ils ne sont, en aucune manière, altérés, ni modifiés par le moi pensant.

Égoïsme.

Egoïsme. — Le temps, l'espace etc., sont des modifications de nous-mêmes, des formes de notre sensibilité ; car il est bien difficile de concevoir que nous ayons la sensation de ce qui n'est pas dans nous.

Dualisme. — Le temps, l'espace, etc. sont la combinaison de deux choses, d'un fait pensé et d'une qualité du *moi* ; mais l'on est bien embarrassé, pour ne pas dire dans l'impossibilité, d'assigner la part contributive de chacun de ces élémens ; et de là plusieurs sectes de dualistes.

Relation. — Le temps, l'espace, etc., expriment un rapport qui est entièrement indépendant des choses en relation, et qui n'a rien de commun avec elles ; de sorte que le temps, l'espace ne contiennent rien d'extérieur, ni d'intérieur.

Trialisme. — Le temps, l'espace sont le produit de trois principes, d'un objet, du moi pensant et d'une relation. Ainsi, l'on doit reconnaître dans le temps, l'espace, etc., un être intérieur, un être extérieur et leur relation réciproque.

Nous avons un moyen bien facile de rendre sensible la fausseté de ces définitions, c'est d'employer la formule dont nous avons déjà fait usage, et qui consiste à examiner en même temps si une chose est *une sensation*, *un objet pensé*, *un état du moi*, *une relation*, *ou un composé* de plusieurs élémens. Exemples : *le temps*, *l'espace*, *le mouvement*, etc., sont

ou des sensations appelées.. . . *temps*, *etc.*
ou des objets pensés . . . . . *temps*, *etc.*
ou des modifications du moi . . *temps*, *etc.*
ou des relations . . . . . . *temps*, *etc.*
ou des composés d'un objet, etc. *temps*, *etc.*

De cette manière, l'on voit clairement que la pensée, l'image, reste toujours la même; qu'il n'y a point eu d'analyse réelle, et que la signification des mots, *sensation*, *objet pensé*, *moi pensant et relation* est non-seulement analogue, mais absolument identique; ainsi, nous croyons inutile de présenter sur chaque sensation, comme nous l'avons fait à l'égard de la *volonté*, l'histoire de toutes les erreurs métaphysiques; nous ne ferions que nous répéter.

Conclusion générale.

LES sensations composent tout le savoir

humain ; les objets qui nous entourent , les sens dont nous sommes doués , l'imagination la plus vagabonde ne peuvent rien nous offrir qui ne soit de leur empire. Quelque moyen qu'on emploie pour acquérir des sensations , c'est toujours sentir.

Nous avons des sensations ; tel est le fait dont tous les êtres vivans ont l'intime conviction ; il porte sa preuve avec lui, et n'en exige aucune autre.

Cette vérité n'a point satisfait la curiosité inquiète de l'homme. L'on a voulu creuser plus avant, découvrir ce que c'est qu'une sensation , et quels en sont les élémens. Un premier philosophe a dit que nos sensations sont les propriétés , les qualités mêmes des objets pensés ; un second, qu'elles sont de simples modifications de notre esprit ; un troisième, qu'elles sont tout-à-la-fois et des qualités extérieures et des modifications de nous-mêmes; un quatrième, qu'elles sont de pures relations ; un cinquième, qu'elles sont composées du moi , des objets et des relations. Toutes ces doctrines se détruisent réciproquement, et voilà pourquoi chacun, dans son système, trouve tant de facilité à combattre les autres.

Berkelay, l'un des partisans de l'égoïsme, ne voit pas comment notre esprit pourrait sentir ce qui n'est pas en lui-même, ce qui n'en est pas devenu une partie intégrante. Il nie formellement que notre connaissance aille au-delà de nous, que nous puissions savoir s'il existe des corps extérieurs ; en conséquence, il traite d'illusion, la présence des corps, toutes les qualités que nous leur attribuons, ainsi que les rapports matériels qu'ils ont entr'eux. M. Hume, dans sa dissertation sur la *causalité*, part du point que toutes nos sensations sont des *relations*, et qu'elles n'expriment pas les propriétés essentielles du moi et des objets ; il a donc eu raison d'en conclure que les causes ne sont pas des qualités des corps, ni du moi pensant. Ce résultat l'a étonné, parce que, dans la plupart de ses ouvrages, il penche vers le naturalisme, et qu'il n'a pas réfléchi à la différence que devait occasioner le changement qu'il venait de faire à sa définition de la sensation.

Jusqu'à présent l'on a fait de vains efforts pour concilier les opinions métaphysiques. Le plus grand obstacle à cet accord venait de ce qu'on n'avait pas déterminé le principe

et le but de chaque système ; en sorte qu'on
ne voyait pas clairement leurs différences.
La confusion de tous ces systèmes rendait
cette matière inextricable. M. Charles Villers,
par son analyse de la philosophie de Kant,
et M. Degerendo, par son histoire des philosophes, nous ont rendu un service important à cet égard ; ils sont les premiers qui
aient fait connaître aux Français l'état actuel
de la métaphysique, et distingué, d'une
manière précise, toutes les sectes philoso-
phiques. D'après ces travaux, j'ai traité le
problème dont on a si long-temps cherché la
solution, et je crois l'avoir démontré, en
établissant l'indivisibilité de nos sensations,
la fausse séparation de leurs élémens, et
l'identité parfaite de ces élémens et de nos
sensations.

L'on se rappelle, en effet, que le principe de tous les systèmes, la source de toutes les erreurs, c'est la prétention d'avoir
trouvé les véritables élémens de nos sensations. Nous avons prouvé que leur découverte est impossible ; que le *moi pensant*,
l'objet pensé et *la relation*, n'ont pas ce caractère ; que chacun de ces élémens est
analogue aux autres ; que un seul, celui du

naturalisme, par exemple, suffit pour expliquer toutes nos sensations ; qu'ainsi, le *moi pensant* peut être envisagé comme une *relation* ou *un objet pensé*, et réciproquement. Quel est donc le signe, la nuance qui les sépare ?

Ces élémens supposés ne sont que des abstractions nominales ; afin de paraître leur donner une valeur réelle, on les confond souvent avec les sensations complètes des objets extérieurs, des sensations internes, ou des sensations relatives : aussi, dès qu'on leur enlève cette signification d'emprunt, ils n'en ont plus. Est-ce avec leur secours qu'on espère montrer à nos yeux ou à notre esprit, des morceaux de sensation qui ne soient pas des sensations ; *un moi, un objet, une relation* qui soient des élémens de connaissance, et non pas des connaissances ? Certes, sans être accusé de vouloir retrécir le cercle de l'intelligence humaine, il est permis de croire qu'on n'aura jamais la sensation de ce qui n'est pas une sensation.

FIN.